大学生のための
日本語アカデミック・ライティング
基礎講座

レポート・論文のアウトラインから執筆まで

金 銀珠・田中 里実 [著]

An Undergraduate Primer in Japanese Academic Writing

学術図書出版社

まえがき

　本書は、大学に入学して初めてレポートを書く学生が、レポートという文章の全体像とその中でどのような文を書くことが期待されているかを理解し、実際に書けるようになることを目指しています。

　執筆者は大学の教員としてアカデミック・ライティング教育に携わる中で、原稿用紙やワープロソフトを前にしても、何を書いたらよいかわからない、という悩みを抱える学生に多く接してきました。このような学生は、そもそも、レポートや論文といった形式の文章を読んだことがなかったり、これらの形式の文章の特徴をうまく捉えることができていなかったりします。そこで、① レポートや論文という文章の形式の理解を助けること、② その理解をもとに、段階を踏みながら無理なくレポート執筆の練習ができるようにすること、という 2 点を目指して、この教材を作成しました。

　本書では、第 1 回から第 5 回でレポートや論文という文章の構成や、よく使われる表現について学びます。第 6 回から第 15 回では、序論、本論、結論といったレポートの各部分で使われる表現を学びながら、レポートの執筆練習をします。

本書の 3 つの特徴

1. レポートによく使われる表現の特徴について、**文法用語を避けてわかりやすく提示**
   文法用語による解説はできるだけ避けつつ、文法的な考え方を学生が直感的に理解しやすい形で提示しています。学習前の理解度は、スタートテストでチェックできます。
2. よく使われる表現は、**実際の論文から引用した例文を用いて紹介**
   レポートや論文でよく使われる接続詞や文末表現などは、実際の論文から例文を収集し、実例を紹介しています。なお、出典の表記は文献番号にその論文・雑誌を発行する学会名等を付記する形をとり、引用された例文がどの分野に関する文章であるか一目でわかるようにしました。
3. 執筆練習では、**資料の読み取りから執筆の過程を体験させるよう設定**
   レポートの執筆練習は、学生には、資料の読み取りから執筆を体験させるように課題を設定しています。学生が学期中に一科目に割ける現実的な時間の問題を考慮し、資料収集の方法は紹介するにとどめました。

　本書は、大学での 15 回の講義での使用を想定していますが、学生の理解度や必要性に応じて、適宜必要な回を選んで使用することも可能です。また、講義の時間内では各回の学習内容

の解説のほか、学生が解答・執筆した各回末尾の課題についてのディスカッションやフィードバックなど、双方向的な活動も取り入れることができるようになっています。なお、各回の問題の解答例や、執筆のためのアウトライン・レポートのフォーマットは、以下の URL からダウンロードすることができます。

https://www.gakujutsu.co.jp/text/isbn978-4-7806-0955-4/

　本書を用いてレポートや論文といった形式の文章の理解を深めるとともに、レポート執筆への自信をつけ、ひいては今日、発信力として社会人に必要とされている「ライティング能力」の向上につなげてほしいと願っています。

　最後になりましたが、本書の執筆にあたっては、北海道情報大学の共通教育科目「日本語表現 II」の講義ご担当の先生方から貴重なご意見をいただきました。この場を借りてお礼申し上げます。

2021 年 8 月

金銀珠・田中里実

目　　次

第1回

論文・レポートの骨格を知る

　第1回では、「レポートの書き方」を学びます。ところで、あなたは「レポート」とはどのようなものか、知っていますか。まず、標準的なレポートの構成を見てみましょう。

レポートの構成

序論

1. はじめに
   - 研究背景：テーマについての現状説明や課題提示
   - ※資料を引用して客観的な視点を入れること
   - 研究目的：調査をとおして何を明らかにするのかを述べる

本論

2. 資料1（見出し文）
   - 調査内容（具体的な資料引用：主張の裏付けとして）
   - 解釈
3. 資料2（見出し文）
   - 調査内容（具体的な資料引用：主張の裏付けとして）
   - 解釈
4. 考察
   - 全体をとおしての自分の主張を述べる

結論

5. おわりに
   - まとめ（全体をまとめる）
   - 今後の課題

【参考文献】

次に、モデルレポートとして【モデルレポート1】「救急車の有料化の是非 ― 成人軽症者の救急車利用を抑制するために ―」（p.56～p.58）を読んでみましょう。

以下は、【モデルレポート1】の骨格を抜き出したもの（＝アウトライン）です。

序論

1. はじめに
- 研究背景：◦ 救急車の出動件数が10年で24.4％増加、救急隊員と救急車は約6％の増加
  - ◦ 高齢者不適正利用は5～6％程度（山下ら）、緊急度の高さから無料とすべき（大原ら）という意見もある
- 研究目的：成人（18歳～64歳）による救急車の利用を有料化すべきか検討する。

本論

2. 資料1 救急車の利用についての成人の意識
- 調査内容（引用）：札幌市全域の20歳以上の男女4,546人に対するアンケート調査
  → 民間救急車の利用は「利用したくない」が20歳～59歳で60.3％～69.1％で、利用しない理由は「自家用車など別の手段があるから」が20歳～59歳で65.5％～76.7％、「料金が高そうだから」が20歳～39歳で50.4％～51.3％、40歳～59歳で34.5％～41.6％。
- 解釈：成人（20歳～59歳）は、民間救急車について、自家用車など別の手段があれば利用の必要はないと考える場合が多く、料金が高そうというイメージも利用を敬遠する要因となっている。

3. 資料2 救急車を有料化する場合の最適な料金とは
- 調査内容（引用）：救急需要の増加による患者の救命率低下の経済的な損失と、救急車の待機・出動などにかかる費用を経済学に基づいた手法を用いて分析し、最適な救急車の利用価格を推定した。
  → 13,600円～17,600円が最適な料金で、この価格帯であれば軽症者の需要は減少するが、重症者の需要は減少しない
- 解釈：不適正利用が問題となっている軽症者の利用のみが減少する救急車の利用料金は、13,600円～17,600円であると推定される。

4. 考察：
- 札幌市の調査（資料1）で成人にとって救急車の有料化は、利用抑制の有効な手段であることがわかった。
- 田中らの研究（資料2）で、適切な料金設定で軽症者の利用のみの抑制が可能なことがわかった。

結論

5. おわりに

- まとめ：成人（18 歳〜64 歳）による救急車の利用は有料化すべきである。
- 今後の課題：成人利用者の減少以上に高齢者の利用が増加する可能性があるため、有効な方策の検討が求められる。

【参考文献】

- 大原伸騎, 小松俊哉, 辻慶紀, 矢山貴之, "当院の深夜帯救急搬送から見る高知県救急医療の問題," 高知赤十字病院医学雑誌, vol.21, no.1, pp.45-48, 2016.
- 総務省消防庁, "平成 21 年度版救急救助の現況," https://www.fdma.go.jp/publication/rescue/post1.html, 参照 Sep.25, 2020.
- 総務省消防庁, "平成 30 年度版救急救助の現況," https://www.fdma.go.jp/publication/#rescue, 参照 Sep.25, 2020.
- 札幌市, "平成 19 年度第 1 回市民アンケート調査結果," https://www.city.sapporo.jp/somu/shiminnokoe/citi_enq/h1901/documents/01theme.pdf, 参照 Sep.25, 2020.
- 田中輝征, 半谷芽衣子, 松本佑史, "救急医療サービスの経済分析"「公共政策の経済評価」事例プロジェクト, pp.1-39, Mar.16, 2007.
- 山下寿, 古賀仁士, 矢野和美, 瀧健治, 島弘志, "高齢者救急の救急搬送の増加問題とその対応策—特に救急車の有料化について—," 日本臨床救急医学会雑誌, vol.19, no.1, pp.1-6, Feb, 2016.

📖✎　【モデルレポート 2】「ゲームは子供の可能性を伸ばす ─ 小学生の学習におけるゲーム導入の有効性について ─」（p.59〜p.61）を読み、アウトラインを書いてください。

序論

1. はじめに

- 研究背景：

- 研究目的：

本論

2. **資料1**（見出し文を書いてください）
    - 調査内容（引用）：

    - 解釈：

3. **資料2**（見出し文を書いてください）
    - 調査内容（引用）：

    - 解釈：

4. **考察**：

結論

5. **おわりに**
    - まとめ：

    - 今後の課題：

【参考文献】

第2回

学術的な文章にふさわしい表現

　話し言葉でも、友達や知り合いと話すときに使う言葉と、面接などの知らない人に使う言葉は違いますよね。書き言葉でも、特定の相手に出す手紙と、不特定多数の人に読まれる可能性のあるレポートや論文では、使う言葉が異なります。第2回では、レポートや論文らしい言い回しを学びましょう。

◆◇ スタートテスト ◇◆

問題I 下線部をレポート・論文にふさわしい表現に書き直してください。

1. 運動は、脳に<u>いい</u>（→　　　　　　　　）影響を与えることが示唆された。
2. 慢性の肺疾患を合併している人は<u>もっと</u>（→　　　　　　　　）注意が必要である。
3. データを活用する環境整備が<u>どんどん</u>（→　　　　　　　）進んでいる。
4. 政府は社会の発展において<u>大切な</u>（→　　　　　　　）役割を担っている。
5. <u>どれも</u>（→　　　　　　　）<u>ほとんど</u>（→　　　　　　　）同じ大きさである。

問題II 下線部をレポート・論文にふさわしい表現に書き直してください。

1. 検査数を増やせば感染者の絶対数は増える<u>かもしれない</u>（→　　　　　　　　）。
2. モバイル端末が有用となる適用領域が急速に<u>拡大してる</u>（→　　　　　　　）。
3. あの建物は10年<u>ぐらい</u>（→　　　　　　　）前に建てられた。
4. アンケート調査を<u>実施して</u>（→　　　　　　　　）、その結果をまとめた。
5. 受動喫煙の疾病リスクについては、これまで<u>たくさんの</u>（→　　　　　　　）研究が行われてきた。

6

ポイント1　文末は敬体（「です」「ます」）ではなく常体（「である」）で書く

- 常体：「だ」「である」を用いる形。主にレポートや論文などで用いられる。
- 敬体：「です」「ます」などの丁寧語を用いる形。主に手紙やエントリーシートなどで用いられる。

問題 2.1　下線部をレポート・論文にふさわしい表現に書き直してください。

1. 21 世紀は、ロボット技術、生命工学、ナノテクノロジーの研究が進展し、社会に大きな利便性を提供することが<u>期待されています</u>。（情報処理学会 [1] より該当部変更）

　　→ ＿＿＿＿＿＿＿＿＿＿＿＿＿＿＿＿＿＿＿＿

2. あらかじめデータベースに蓄えられるすべての画像に対して利用者ごとの主観的属性を登録することは、索引作成の労力からも<u>困難です</u>。（情報処理学会 [2] より該当部変更）

　　→ ＿＿＿＿＿＿＿＿＿＿＿＿＿＿＿＿＿＿＿＿

ポイント2　話し言葉ではなく書き言葉で書く

省略表現・略語

- 省略表現や略語は使用しない。
- はじめて現れる専門用語は、略してはいけない。頻繁に利用する場合には、〈正式名称（以下、「略語」）のように記す。**例** 世界保健機関（以下、WHO）

日常会話でよく使う表現	学術的文章でよく使う表現
スマホ	スマートフォン
アプリ	アプリケーション
就活	就職活動
WHO	世界保健機関

問題 2.2　下線部をレポート・論文にふさわしい表現に書き直してください。

1. 東京電力株式会社福島第一<u>原発</u>の事故対応において、これまで様々な遠隔操作機器が使用されてきた。（日本ロボット学会 [3] より該当部変更）

　　→ ＿＿＿＿＿＿＿＿＿＿＿＿＿＿＿＿＿＿＿＿

2. 以下では、<u>リハビリ</u>への応用としてバランス不良な高齢者・障害者のための視覚、聴覚、体性感覚刺激を用いたバランス治療への VR 利用について小著から概要を紹介する。（日本バーチャルリアリティ学会 [4] より該当部変更）

　　→ ＿＿＿＿＿＿＿＿＿＿＿＿＿＿＿＿＿＿＿＿

文末表現

日常会話でよく使う表現	学術的文章でよく使う表現
〜じゃない	〜ではない
〜してる	〜している
〜と言っている、〜と書いている	〜と述べている
〜と思う、〜と考える	〜と考えられる
〜かもしれない	〜可能性がある
食べれる／出れる／見れる	食べられる／出られる／見られる
かな、かしら	だろうか
！、？	。

問題 2.3　下線部をレポート・論文にふさわしい表現に書き直してください。

1. 例えば、Kapser らは、ハードウェアドライバを作成する場合は、既存のドライバからのコピーアンドペーストが有効であると<u>言っている</u>。（電子情報通信学会 [5] より該当部変更）

　　→ _____

2. この知見は、ペアプログラミングにおいて協調作業がうまく進んでいるかどうかを判断する手がかりを提供し、協調作業の状態推定に有効であると<u>思う</u>。（情報処理学会 [6] より該当部変更）

　　→ _____

形容詞的表現

日常会話でよく使う表現	学術的文章でよく使う表現
いろいろな	さまざまな
大切な	重要な
少しの	わずかな
全部の	あらゆる
こんな	このような、こうした
どんな	どのような
いい	よい
面白い	興味深い
すばらしい	優れている

問題 2.4 下線部をレポート・論文にふさわしい表現に書き直してください。

1. こうした<u>いろいろな</u>手法により、ロバストで高精度な自己位置推定や地図構築が可能になる。（日本ロボット学会 [7] より該当部変更）

   → _____

2. しかし、<u>そんなかたちで</u>、都市社会学を儀礼的・制度的に再生産することが、果たして望ましいことなのだろうか。（日本都市社会学会 [8] より該当部変更）

   → _____

接続表現

日常会話でよく使う表現	学術的文章でよく使う表現
だから、なので	そのため、したがって、よって
でも、だけど、だが	しかし
あと、それから	また、さらに
要は、言い換えると	つまり、すなわち
付け加えると	なお
他には	一方、他方
はじめに	まず
そして	次に
それで	その結果
～けど	～が
～したら	～すれば、～すると
～から、～ので	～ため
～のに	～にもかかわらず
～して	～し
～しないで	～せずに
～ていて	～ており
～ていなくて	～ておらず
～だし	～ことに加えて、～であり

問題 2.5 下線部をレポート・論文にふさわしい表現に書き直してください。

1. <u>だから</u>、進学率は、家庭環境と地域環境との影響を同時に受けていると考えられる。（日本教育社会学会 [9] より該当部変更）

   → _____

2. センサデータには不確実性が伴う<u>ので</u>、確率に基づく方法が用いられる。（日本ロボット学会 [10] より該当部変更）

　　→ _____

3. 最適化アプローチも有力な方法<u>だし</u>、フィルタアプローチとの使い分けや併用は興味深い課題である。（日本ロボット学会 [11] より該当部変更）

　　→ _____

副詞表現

日常会話でよく使う表現	学術的文章でよく使う表現
だいたい	約、ほぼ、およそ
とても、すごく	大変、非常に、極めて、著しく
もっと	より、さらに、一層、ますます
だんだん	次第に、徐々に
どんどん	急速に、急激に
いっぱい、たくさん	多く、数多く、大勢（人）
ちょっと、少し	やや、わずかに、若干
たぶん	おそらく
全然	まったく
全部	すべて
一番	最も
絶対	必ず
ほとんど	ほぼ
結構	かなり
はっきり	明瞭に、明確に
ちゃんと、きちんと	正確に、詳細に、丁寧に、慎重に
しっかり	十分に
まだまだ	いまだ、まだ

問題 2.6　下線部をレポート・論文にふさわしい表現に書き直してください。

1. わが国の教育学は実質的に外国教育研究か日本教育史であり、現在の日本の学校や教師、生徒の世界についての研究は<u>とても</u>乏しい。（日本教育社会学会 [12] より該当部変更）

　　→ _____

2. 現代の市民は、形式にさえこだわらなければ、情報インフラが整備された地域であれば どこにいても<u>しっかり</u>文化的コンテンツを享受できる環境にある。（日本社会学会 [13] より該当部変更）

→ _____

3. わが国におけるオペラ活動を解明するためのデータおよび分析は<u>まだまだ</u>不足している。 （文化経済学会 [14] より該当部変更）

→ _____

その他

日常会話でよく使う表現	学術的文章でよく使う表現
この論文	本稿、本論文
この節／前の節／次の節	本節／前節／次節
これまでに行われた研究	先行研究
おおざっぱに見る	概観する
どれも	いずれも
どちらか	いずれか
そんなに	それほど
どうして、なんで	なぜ
〜と〜	および
〜か〜	もしくは、または、あるいは
〜とか〜とか	〜や〜など
考える	考察する
違う	異なる
使う	用いる、使用する

問題 2.7 下線部をレポート・論文にふさわしい表現に書き直してください。

1. 在宅高齢者では、自立度の悪化にともない、女性<u>か</u>後期高齢者の場合、1 年後死亡になり やすいことが示された。（日本公衆衛生学会 [15] より該当部変更）

→ _____

2. <u>この論文</u>では、これらの特徴にふれながら、非常時におけるソーシャルメディア利用に ついて<u>大まかに見てみる</u>。（日本科学教育学会 [16] より該当部変更）

→ _____

ポイント3　主観的な表現は避ける

● レポート・論文は高校生までの感想文とは異なる。

● 感想文（主観的な文章）／レポート・論文（客観的な文章）

● 「私は」という一人称は使用しない。

● 「考える」「感じる」「思う」などの主観的な表現は使用しない。

> **問題 2.8**　次の文をレポート・論文にふさわしい表現に書き直してください。
>
> 1. 私は、SNS に着目し、複雑ネットワーク分析の手法により、その構造や性質を明らかにする。（情報処理学会 [17] より該当部変更）
>
>   → ＿＿＿＿＿＿＿＿＿＿＿＿＿＿＿＿＿＿＿＿＿＿＿＿＿＿
>
> 2. 自己概念を自己認知の側面と自己全体への評価に分けて整理することにより、自己概念の構造がより明確に把握されると思う。（日本教育心理学会 [18] より該当部変更）
>
>   → ＿＿＿＿＿＿＿＿＿＿＿＿＿＿＿＿＿＿＿＿＿＿＿＿＿＿

ポイント4　体言止めは使用しない

● 体言止めとは、文の末尾を名詞や代名詞などの体言で止める技法のことを指す。文学作品や新聞などでよく用いられ、余韻を残したり、意味を強調したりするなどの効果がある。こうした効果は、客観性が求められるレポート・論文では不要である。

> **問題 2.9**　次の文をレポート・論文にふさわしい表現に書き直してください。
>
> 1. 従来の統計の概念にとらわれず、既存の利用可能性の高いデータを含めて活用していくことが重要。（国際交通安全学会 [19] より該当部変更）
>
>   → ＿＿＿＿＿＿＿＿＿＿＿＿＿＿＿＿＿＿＿＿＿＿＿＿＿＿

ポイント5　あいまいな表現は避ける

● レポート・論文は、含みを残さず断定するのが原則である。

● 「たり」「とか」「だろう」「ようだ」「かもしれない」などの表現は使用しない。

● 「多い／少ない」「大きい／小さい」などの比較の文言には注意が必要である。数値やデータを用いて客観的に示すこと。

問題 **2.10**　次の文をレポート・論文にふさわしい表現に書き直してください。

1. 今後の方向としては、費用を考慮できるように拡張したり、重力モデル以外の分析にも応用して有効性の検証を行ったりすることが考えられる。（土木学会 [20] より該当部変更）

　　→ ＿＿＿＿＿＿＿＿＿＿＿＿＿＿＿＿＿＿＿＿＿＿＿＿＿＿

2. 小学生の朝食摂取習慣を形成するためには、栄養学的知識を与えるだけでは不十分であり、朝食の意義に対する積極的態度、睡眠行動を含む生活リズムおよびセルフエスティームや社会的スキルの形成が欠かせないだろう。（日本公衆衛生学会 [21] より該当部変更）

　　→ ＿＿＿＿＿＿＿＿＿＿＿＿＿＿＿＿＿＿＿＿＿＿＿＿＿＿

【モデルレポート 1】「救急車の有料化の是非 ── 成人軽症者の救急車利用を抑制するために ──」（p.56〜p.58）を読み、学術的な文章にふさわしい表現を 10 個抜き出して書いてください。

〈記述例〉

	何ページ（何行目）	学術的な文章にふさわしい表現
1		
2		
3		
4		
5		
6		
7		
8		
9		
10		

第3回

読みやすい文章の書き方、
読点・記号の使い方

　レポートや論文はその課題を出した先生だけではなく、書き手のあなたのことや、あなたの文章のクセを知らない不特定多数の人が読んでもわかるように書く必要があります。第3回では、多くの人にとってわかりやすい文章を書くために気をつけなければならないことを学びましょう。

◆◇ スタートテスト ◇◆

問題Ⅰ　次の文を読みやすい表現に書き直してください。

1. 小さな子供の声に耳を傾ける必要がある。

　　（※この文は、2通りの意味に解釈できます。一方の意味にしか解釈されない文に書き換えてください。）

→ _____

→ _____

2. 本手法は、従来の教育手法を参考に筆者らが改善を試みた手法である。

→ _____

3. 項目の追加や削除する際に、確認ダイアログを表示するように設定する。

→ _____

3.1 読みやすい文章の書き方

ポイント1 一文を短く書く

● 1文が長い場合は、いくつかの文章に分け、必要な場合は接続詞でつなぐ。

● 1文の長さが60字を超えないように気をつける。

● 「〜が」「〜し」「〜おり」などの接続助詞を多用しない。

● 1つの文は1つの内容に限定する。

> **問題3.1** 次の文を読みやすい表現に書き直してください。
>
> 1. 給食の食べ残しは、栄養面、環境面、費用面など、様々な問題につながり、学童期に形成された食習慣は大人になっても持続するため、学童期の食生活の乱れは、将来の生活習慣病などの健康問題につながると考えられる。（日本栄養改善学会 [22] より該当部変更）
>
>   → _____
>
> 2. 近年、コンピュータとそれを取り巻くネットワーク技術は目覚しい発展を遂げ、非常な勢いで普及しつつあり、これによって、我々はネットワークを通して、速やかに情報にアクセスすることが可能になったが、その一方で、「情報洪水」という新たな問題を引き起こしていることも事実である。（情報処理学会 [23] より該当部変更）
>
>   → _____

ポイント2 主語と述語を対応させる

● 主語と述語だけ抜き出してみて、文が成立するかどうかを確かめる。

> **問題3.2** 次の文は主語と述語のかかりうけに修正すべき部分があります。適切な文に書き換えてください。
>
> 1. 伊藤は、ヴィゴツキーらが「意味」という単位によってどのように人格（自己）形成を捉えていたかをまとめられている [1]。（言語文化教育研究学会 [24] より該当部変更）
>
>   → _____
>
> 2. 本研究の目的は「組織社会化」に関するこれまでの研究を批判的に検討し、組織社会化研究において今後取り組むべき諸問題について考察を行う。（経営行動科学学会 [25] より該当部変更）
>
>   → _____

ポイント3 呼応表現

● 日本語の表現の中には、ある言葉を使うときに、特定の表現を要求する場合がある。

表現の始まり	表現の終わり
なぜなら〜	〜から
決して〜、必ずしも〜	〜ない
たとえ〜、万一〜、仮に〜	〜ても、〜ば、〜なら
はたして〜	〜か
なぜ〜	〜か

問題 3.3　次の文は呼応関係が不自然です。適切な表現に書き換えてください。

1. なぜなら、たとえ教師が構想した学習内容であっても、それがなんらかの記号に変換されて学習者の認識になるとき、必ずそれは学習者による改変を受けなくてはならないのである。（日本教材学会 [26] より該当部変更）

　　→ _____

ポイント 4　　主語と述語は近づける

- 主語と述語の間が離れていると、読み手に意味が伝わりにくくなる。
- 主語と述語はできるだけ近くに置く。

問題 3.4　次の文を読みやすい表現に書き直してください。

1. 佐藤は、地方自治体の区域が、時代の変化とともに、その展開すべき機能と十分に対応できなくなってくると、受け皿となる区域を変えるか、もしくは機能を別の次元の単位に移すかしなければならなくなると述べている [2]。（地方自治総合研究所 [27] より該当部変更）

　　→ _____

ポイント 5　　修飾語と被修飾語は近づける

- 修飾語は被修飾語の近くに置くのが基本で、離れるとわかりにくくなる。

問題 3.5　次の文を読みやすい表現に書き直してください。

1. コミュニケーション能力は、非常に仕事をする上で重要な要素である。（作例）

　　→ _____

ポイント 6　　並記の表現は統一する

- いくつかの語句を並べるときには、語句のレベルをそろえることが重要である。

- 名詞と動詞の混在を避ける。「名詞と名詞」、「動詞と動詞」と、品詞を合わせて並べる。

問題 3.6 次の文を読みやすい表現に書き直してください。

1. ウイルスの集団感染を防ぐためには、手洗いやマスクを着用するように指導することが重要である。（作例）

　→ _____

ポイント 7　漢字と平仮名の使い分け

- 論文・レポートは、誰が読んでも理解しやすいものにする必要があるため、表記についても一定のルールに従わなければならない。
- 形式名詞、接続詞、補助動詞は、平仮名で書くのが一般的である。
  （※ただし、公用文では、常用漢字を用いる言葉については漢字で表記するのが一般的である。）

形式名詞	こと、もの、とき、ところ
接続表現	したがって、また／または、ところが、ただし、さらに、なお、すなわち、かつ、ゆえに、もちろん、および、ならびに、もしくは
補助動詞	〜ていく、〜ておく、〜てよい
その他	むしろ、できる、ほか

問題 3.7 平仮名で書いたほうがよい箇所に下線を引いてください。

1. 又、これまでパーソナルコンピューターが主流だった情報端末に関しても、iOS や Android OS を搭載した安価なタブレット端末が普及した事で、より低いコストでインターネットが利用できるようになった。（国立研究開発法人 科学技術振興機構 [28] より該当部変更）
2. 質的研究者は、量的研究の手法を十分に学んで置くべきである。（教育システム情報学会 [29] より該当部変更）

3.2　読点・記号の使い方

ポイント 1　読点（とうてん、てん「、」）およびコンマ（「,」）の使い方

以下の場合は読点（、）またはコンマ（,）を打つ。

- 接続表現の後（文頭：「しかし、したがって」、文中：「〜ため、〜が」）
- 長い節の後（「〜おり、〜し」）

- 修飾語と被修飾語が遠い場合
- 長くなった主語の後
- 主語と述語が離れている場合
- 対等な関係の物事を並列する場合
- 意味が二重に解釈されてしまう場合
- 直前の言葉が直後には、かからないことを示したい場合
- 漢字・平仮名が連続する場合

問題 3.8　適切だと思うところに読点を打ってください。

1. つまり時間的トラップ構造は自然災害の被害リスクを回避しようとする意志をもっていても行動選択時には短期的コストに焦点があてられるためそのような意志とは矛盾した選択に至る可能性を示唆している。（日本社会心理学会 [30] より該当部変更）→ 4 か所

2. フードシステムとは農業生産から流通加工消費に至る一連の体系を指すがこの体系を明快に表現していると考えるのがボーラー [3] の示す図である。（経済地理学会 [31] より該当部変更）→ 3 か所

ポイント 2　記号の使い方

記号	読み方	主な働き
。	句点（くてん）、まる	文の終わりを示す
・	中黒（なかぐろ）、なかてん	併記する単語の区切りや外来語の区切りを示す
（ ）	かっこ	説明を補足する
「 」	かぎかっこ	引用を示す／語句を強調する／論文などの題名を示す
『 』	二重かぎかっこ	「 」の中にさらに「 」を使うときに用いる／書名を示す

問題 3.9　記号を使用し、次の文を読みやすい表現に書き直してください。

1. 専門別日本語教育以下、JAP の領域については、専門日本語教育学会の学会誌専門日本語教育研究の各巻を参照すれば研究対象分野の広がりや研究の多様性が見て取れる。（専門日本語教育学会 [32] より該当部変更）

　→ _____

2. 日本の風土に根差した農村舞台民芸工芸建築都市の現代的な視点からの研究もこれに属する（文化経済学会 [33] より該当部変更）

　→ _____

【モデルレポート 1】「救急車の有料化の是非 ── 成人軽症者の救急車利用を抑制するために ──」（p.56〜p.58）を読み、第 3 回で学習した「読みやすい文章表現」を使っていると思われる箇所を 5 つ抜き出してノートに書いてください。

〈記述例〉

	何ページ（何行目）	読みやすい文章表現
1		
2		
3		
4		
5		

第4回

接続表現の使い方

　レポート（または論文）の中の接続表現は、これから読む部分にどんなことが書いてあるのか読み手が予測するための手がかりになります。書き手も、接続表現を入れることで、頭の中を整理しながら書くことができます。第4回では、レポート・論文らしい接続表現を学びましょう。

◆◇ スタートテスト ◇◆

問題Ⅰ 次の文章の空欄にあてはまる適切な接続表現を、①〜⑩の中から選んでください。

（※同じ接続表現を2回以上選択しないこと）

1. 成長ホルモンの分泌は、午後10時から午前2時に最大になると言われている。（　　　）、夜10時頃には布団に入るのが理想的である。

2. 地球環境問題は、近年の主要国首脳会議でも大きく取り上げられるようになった。（　　　）、各国の思惑は常に衝突している。

3. 最近のAIヘルスチェックツールは、現在の健康状態（　　　）将来の疾患リスクまでを可視化することができる。

4. 日本はハイコンテクスト文化であると言われている。（　　　）、アメリカはローコンテクスト文化であると言われている。

5. 地震により停電が発生した場合に備えて、寝室には懐中電灯（　　　）ラジオを準備しておくと便利である。

6. 日本では遺伝子組み換え食品への表示が義務付けられているが、その内容は十分なものとはいえない。（　　　）、豆腐、納豆、味噌には表示義務があるが、大豆を原料とする食品であっても、しょうゆには表示義務がない。

7. これまで腸内環境の改善に役立つものとして脚光を浴びてきた発酵食品、食物繊維などは、SIBO（小腸内細菌異常増殖症）の人にとってはかえって症状を悪化させる可能性がある。（　　　）、逆効果になるということである。

8. 全国各地で食育の取り組みが広まりつつある。（　　　）朝食の重要性が訴えられている。

① つまり	② 一方	③ のみならず	④ そのため
⑤ 特に	⑥ により	⑦ または	⑧ たとえば
⑨ また	⑩ しかし		

ポイント 1　接続表現の使い方

● 語句や文の論理的な関係を明確に示すために、適切な接続表現を選ぶ必要がある。

展開

順接	原因・理由から、予想される結果へと導く	したがって、そのため、このように、その結果、〜より
逆接	前の内容から、予想と異なる事柄を導く	しかし、ところが、〜にもかかわらず、〜が、〜ものの

◆ 実例 ◆

● その結果

　非 SNS 群と SNS 群のウェブサイト作成課題の評定得点の平均値について t 検定を行った。その結果、両条件の平均値の差は 1 ％水準で有意であった。（日本教育工学会 [34]）

● 〜にもかかわらず

　大学図書館に所蔵された本のデータベースである CiNii Books で「アクティブ・ラーニング」を検索すると、初出が 2010 年であるにもかかわらず 244 件ヒットし、そのうち 2015 年以降に出版されたものが 228 件に上る。（日本科学教育学会 [35]）

● したがって

　以上のように、従来の自我同一性尺度は、多くの問題を抱えている。したがって、Erikson 理論に基づき、信頼性・妥当性などの検討が詳細になされた、一次元から構成される新たなる自我同一性尺度の作成が必要である。そして、そのような精度の高い多次元尺度の開発は、今後の自我同一性研究の発展にとって大きな意義があろう。（日本教育心理学会 [36]）

列挙

並列	対等の関係で並べたり、付け加えたりする	そして、また、さらに、および、かつ、〜だけでなく、〜のみならず
対比	二つの物事を対比させて述べる	一方、〜に対し
選択	選択肢を示す	または、あるいは、もしくは

※ 順序をつけて説明を挙げていく方法

1) まず、〜。次に、〜。さらに、〜。最後に、〜。
2) 第一に、〜。第二に、〜。第三に、〜。

◆ 実例 ◆

● もしくは

　高齢期になると、成人期で一旦軽減<u>もしくは</u>消滅した特徴ごとの成績差は再び出現し、その出現の仕方は幼児の低年齢群と同様の傾向になるのが分かった。（日本発達心理学会 [37]）

● 〜に対し

　地形的に見るとこの低地の標高は 2〜3 m であるの<u>に対し</u>、低地の海側には標高 10〜12 m に及ぶ高い砂丘が形成されているため、浜堤背後の低地ではしばしば河川の氾濫が起きてきた。（土木学会 [38] より一部変更）

● まず、〜。次に、〜。さらに、〜。最後に、〜。

　本研究では、<u>まず</u>、日本におけるオープンデータの取組を捉えるために、前述のオープンガバメントの枠組み（3 段階）に沿って、海外における先行取組を調査し、オープンデータの推進状況を捉えるための指標を作成する。<u>次に</u>、その指標に基づき、オープンデータを推進する国内の状況を調査し、課題を明確にする。<u>さらに</u>、国内の先進地域の詳細調査を実施し、日本においてオープンデータを推進するために必要な要素を構造化するとともに、その実現のためのモデルを作成する。<u>最後に</u>この妥当性と有効性について、有識者インタビュー等を通じて検証する。（地域活性学会 [39] より一部変更）

補足

例示	例を挙げて説明する	たとえば、具体的には
説明	判断の根拠を示す	なぜなら、というのも
譲歩	自分の主張を押し通さず、他人の考えと折り合いをつける	たしかに、もちろん
換言	内容を言い換えて、説明を補足する	つまり、すなわち、換言すれば
制限	条件を付け足す	ただし
注記	本筋からは外れるが、必要な情報なので簡単に書き加える	なお
注目	特別に注目すべき点を取り上げる	特に、とりわけ

◆ 実例 ◆

● 具体的には

　本稿では、エスニックな宗教組織が持つ機能の中でも教育的機能に注目し、それが参加者の移民生活に果たす役割についてインタビューと参与観察から明らかにする。<u>具体的には</u>、エスニック教会の日曜学校とユースグループをその対象に据え、教会参加者たちにとってこの二つの場がどのようなものとして位置付いているかを描き出していく。（日本教育社会学会 [40] より一部変更）

- なぜなら

    ハイパーテキストという情報構造自体が、情報の断片化を誘引している。なぜなら、ハイパーテキストは、なるべく文脈独立になるように断片化した情報をリンクで結びつけた構造だからである。（情報処理学会 [41]）

- たしかに

    これまでの研究は、武道と倫理の関係を抽象的にしか論じていない。たしかに倫理というのは理念的に構成されるものであるが、しかしそれは「生きられる（lived）」ものでもある。（日本体育学会 [42]）

- つまり

    食事時刻における DIT に関しては、DIT が午後や夜間の食後よりも午前の食後で高いことが報告されている。つまり、近年増大してきた夜型生活が DIT の低下に関与して、肥満の成因の一つになっていることが推測されている。（日本栄養・食糧学会 [43] より一部変更）

- ただし

    物質の量を表現する際には質量や体積で表わすことが多い。ただし、化学反応の解釈においては、関与する原子や分子の個数に着目して物質の量を表現するとわかりやすい。（計測自動制御学会 [44]）

- なお

    サンプリングは、直径 6.5 cm の塩化ビニル製のパイプをプロット内の土壌にさしこみ、内部の表層約 2 cm の泥を手動のポンプで採取して行った。なお、採取はプロット内には立ち入らず、プロットの外周から 50 cm 程度の地点で行った。（日本応用動物昆虫学会 [45]）

- とりわけ

    コモディティ化の起こり方についてヒントを含んだ議論を展開している著作に、クリステンセンがある。とりわけ注目すべきは、コモディティ化の「相互性」の主張である。（映像情報メディア学会 [46] より一部変更）

転換

転換	話題を変える	ところで、さて、一方

◆ 実例 ◆

- さて

    世界農業遺産認定による効果も徐々に見られるようになっている。とくに能登の里山里海では、「能登米」の生産振興、「能登の一品」認定制度、農家民宿の拡大、企業や農業法人の新規参入などが進み、地域の活性化に大きく貢献している。さて、世界農業遺産の申請や認定に際してとくに考慮すべき、いくつかの鍵となる用語や概念について説明をしておきたい。（農村計画学会 [47]）

- 一方

　リン酸は肥料 3 要素（窒素・リン酸・カリ）の中で最も高価であり、その削減は肥料コスト低減の効果が大きい。<u>一方</u>、リン酸は植物の生育初期に重要であり、とくに北海道のような寒冷な気象条件では、初期生育不良による減収リスクを回避する目的で長年にわたって多めに施用されてきた。（日本土壌肥料学会 [48]）

まとめ		
まとめ	それまでに述べたことを踏まえて結論を導く	以上のことから、以上のように、したがって、よって

◆ **実例** ◆

- 以上のことから

……傾向が高くなっている。これは成績 A の学生の多くが復習をしており、成績 D の学生はほとんど復習をしていなかったということを意味する。

　<u>以上のことから</u>、観測値の与え方にかかわらず「復習をよくした」という項目は、学生の成績に大きな影響を及ぼしているアンケート項目であると推論することができる。（情報処理学会 [49]）

- 以上のように

……。分析の結果、リアリティ・ショックが上司への信頼感や組織コミットメントを低下させることが示されている。<u>以上のように</u>、リアリティ・ショックは若年就業者にネガティブな成果を生み出す現象として捉えられていることが理解できる。（組織学会 [50]）

問題 4.1　次の文章の空欄にあてはまる適切な接続表現を、①〜⑩の中から選んでください。
（※同じ接続表現を 2 度以上選択しないこと）

1. 近年、少子化、長寿命化によって、子育てを終えた夫婦が二人で過ごす期間が長期化している。（　　　）、離婚率は上昇を続け、（　　　）結婚 20 年以上の熟年離婚が占める割合はこの四半世紀で 3 倍に増加した（厚生労働省，2010）。（　　　）、これまで親子関係中心に営まれてきた日本の家族において、中年期以降の夫婦のあり方がますます重要になってくる。（日本心理学会 [51] より該当部変更）

2. グローバル化で求められる能力が知識の習得よりもその汎用性であると定義されている（　　　）、グローバル化における「教育内容」を問うことは逆説的のように聞こえる。しかし、このパラドックスを解くことには意味がある。（　　　）、汎用すべき情報や知識は常に「価値」を帯びており、どのような知識がいかなる方法で体系化されるのかには政治・経済・文化的な意図が反映されているからである。特に学校においては、教えられる知識を通して認知の方法から行動の規範までもが形成され、児童・生徒が社会に適応するための「社会化（socialization）」が行われている。国民国家の枠組みを通して知識と価値観を統合し統制してきた近代の学校は、グローバル化の影響を受けてどのよう

に変容しているのか。そこでは何が価値ある知識とされ、価値ある知識はどのように配分されているのか。（　　　）、グローバル化された教育内容を通していかに生徒の社会化が行われているのか。本稿では、日本においても導入が試みられている国際バカロレア（International Baccalaureate、以下 IB）を例に、グローバル化の中で理想とされる教育内容のエッセンスとその浸透の形態、（　　　）IB 導入がもたらす教育と社会への影響を考える。以下では、文献及び IB 校と文科省による IB 指定校での授業観察とインタビューをもとに考察する。（日本教育学会 [52] より該当部変更）

①にもかかわらず	②そして	③ただし	④一方
⑤および	⑥たしかに	⑦特に	⑧たとえば
⑨なぜなら	⑩そのため		

問題 4.2　以下の文章には接続表現の使い方に不適切な箇所があります。書き直したほうがよい箇所に下線を引き、適切な接続表現を記入してください。（※文を分割する／接続表現を変える）

1. 他方、情報化社会を迎えた現在、生活は便利に、そして快適に過ごせるようになってきているが、情報化社会を支えているのは SE（システムエンジニア）やプログラマーなどの人たちであり、SE やプログラマーといった職業に就くには、プログラミング能力が必須であるため、C 言語などのプログラミングは多くの教育機関で教えられている。しかし、プログラミングには、ポインタや構造体といった特有の概念が存在し、プログラミング初級者にとって大きな障壁となっている結果、理解が追いつかず、学習に対する意欲を失い、挫折してしまう学生が少なくない。（日本社会情報学会 [53] より該当部変更）

📖✏️　**【モデルレポート 2】**「ゲームは子供の可能性を伸ばす ― 小学生の学習におけるゲーム導入の有効性について ―」（p.59〜p.61）を読み、第 4 回で学習した「接続表現」が使われている箇所を 5 つ抜き出して書いてください。

〈記述例〉

	何ページ（何行目）	接続表現（重複不可）
1		
2		
3		
4		
5		

第5回

文献の引用の仕方、事実と意見の区別

　レポート（または論文）では、他の論文・レポート・資料（以下、文献）などのデータや証明された事実を利用して、自分の立てた問い（研究目的）を論証していきます。そのとき、どこからどこまでが他の文献のデータや事実で、どこからどこまでが自分の考えか、はっきりと示すことがとても大切です。第5回では、その示し方を学びましょう。

ポイント1　文献の引用の仕方、事実と意見の区別

- 引用とは、自分の意見や主張を強化するために、他人の書いた文章を自分の文章の中に取り入れることをいう。
- 論文やレポートでは、事実（他人の意見）と意見（自分の意見）とを明確に区別して書く必要がある。
- 引用の仕方：文中に引用順に番号を振り、論文・レポートの末尾に引用文献を番号順にまとめる。→引用文の書き方は専門分野によって異なるので、各教科の教員の指示に従うこと。
- 論文・レポートを書く際には、盗用の間違いを犯さないように注意する。→引用のルールにのっとっていない論文・レポートは、意図的かどうかを問わず盗用とみなされる場合がある。

盗用（＝不正行為）とみなされる場合の例

- 他人の著作物（過去に自分が書いた著作物を含む）のコピー＆ペースト（いわゆるコピペ）
- 孫引き（引用の引用）：元の論文を確認せず、他人の著作物に引用された文章をそのまま用いること
- 出典を明示しない

※盗用だと判断された場合、単位が不合格となるなど、さまざまなペナルティが課されるので注意すること。

引用の仕方①「引用部分が短い場合」直接引用

- 引用したい部分をそのまま抜き出し、「　」の中に入れて示す。
  - → 一字一句変えてはいけない。
  - → 抜き出す文が2行以内に収まる程度を目安とする。

→ 引用する文章の中の「　」は、『　』に変える。

- 「引用文」[文献番号] の順に示す。

    → 文献番号をつける位置は、「　」の直後と句点（。）の直前のどちらでもよい。

例

例1　「『広い』友人関係を自己報告する青年ほど自己愛傾向が高く、『深い』友人関係を自己報告する青年ほど自尊感情が高い傾向にある」[1] と報告されている。

例2　「『広い』友人関係を自己報告する青年ほど自己愛傾向が高く、『深い』友人関係を自己報告する青年ほど自尊感情が高い傾向にある」と報告されている [1]。

　　[1] 小塩真司，"青年の自己愛傾向と自尊感情, 友人関係のあり方との関連," 教育心理学研究, vol.46, no.3, pp.280-290, Sep.1998.

引用の仕方② 「引用部分が長い場合」→ 直接引用

- 引用が長い場合は、引用する箇所を「　」で囲まず、行アキや字下げで示す。引用する箇所の前後を 1 行あけ、行頭を 2 字下げて、引用範囲を明確に示す。

    → 自分の論点に必要な部分のみを引用する。

例

□マクロな社会の変化とともに学力の階層差がどう変容していくかについては、次のように報告されている。

（1 行あける）

2字下げ {
□□経済水準の上昇それ自体は、階層構造の多次元化を通して出身階層の影響力を低下させ
□□る方向に働くが、それと同時に教育制度の量的発達を促し、出身階層の影響力を間接的
□□に増幅していく。そうした直接・間接の効果が相殺されて、学力の階層差は経済水準で
□□は変わらないようにみえるのである。[2]

（1 行あける）

□このように、……

　　[2] 近藤博之，"社会空間と学力の階層差," 教育社会学研究, vol.90, pp.101-121, 2012.

引用の仕方③ 「要約して示す場合」→ 間接引用

- 引用したい部分が長い場合は、内容を自分の言葉で要約して引用する。

    → 元の文章の意味を変えないように注意すること。

- 「　」を用いない場合、文の途中で「。」を打たないこと。

  悪い例　「広い」友人関係を自己報告する青年ほど自己愛傾向が高く、「深い」友人関係を自己報告する青年ほど自尊感情が高い傾向にある。と報告されている。

  修正例　引用の仕方①参照

- 引用文の要約 [文献番号] で示す。

例

　生活習慣病に関連する小中学生の食行動と、意識、知識、調理技術、給食時間の楽しさとの関連について、健康的な食行動の実践割合や健康的な食生活をおくる態度、知識をもっている割合が小学生よりも中学生の方が低い傾向にあることが示唆されている [3]。

　[3] 本田藍, 甲斐結子, 秋永優子, 保坂稔, 中村修, "小中学生の生活習慣病予防に関連する食行動と食に対する意識, 知識, 調理技術等との関連," 日本食生活学会誌, vol.22, no.1, pp.28-34, 2011.

　　【モデルレポート 2】「ゲームは子供の可能性を伸ばす — 小学生の学習におけるゲーム導入の有効性について —」（p.59〜p.61）を読み、「事実（引用）」だと思われる箇所を 3 つ抜き出しましょう。その最初と最後の五字ずつを書いてください（句読点、記号・符号、数字なども 1 字に数える）。

〈記述例〉

	何ページ（何行目）	事実（引用）
1		〜
2		〜
3		〜

第6回

レポート課題の把握

　第6回目以降は実際にレポートを書くための練習をします。本来、レポートは、資料収集を行い、自分の問い（研究目的）をどのように論証するかを考え、アウトラインを書いてから、執筆を始めます。でも、今回は練習なので、みなさんが書くレポートのアウトラインをあらかじめ用意しました。第6回では、次回以降のレポートの執筆のために、レポートの本来の執筆手順と、今回準備されているアウトラインの内容の確認、資料の確認をしましょう。

ポイント1　レポート課題のテーマを調べる

● レポート課題のテーマが提示されたら「関連する用語」と「関連する論文」を調査する。
● 「関連する用語」を調べる手段
　STEP1：講義の教科書・プリント・ノートなど講義関係資料
　STEP2：国語辞典・百科事典（ネット上の国語辞典や百科事典なども可）
　STEP3：「関連する用語」をネット検索し、さまざまな考え方や問題点を知る
　※ STEP3では、Wikipedia、Yahoo!知恵袋などを参照しても良いが、参考文献としては不適切なためコピペはもちろん、引用も避けること
● 「関連する論文」を調べる手段
　「CiNii」や「Google Scholar」といったWebサイトで検索する。その他、図書館の論文検索サービス（図書館のWebサイト等より利用可能）を利用する。

ポイント2　資料の読解

関連する用語の「定義」や、関連する論文の「研究目的」と「結論」を探し、把握しておく。

> **問題6.1**　農林水産省「消費期限と賞味期限」を読み、答えをノートに書いてください。
> 1. 「消費期限」とは何ですか。資料から1文で抜き出してください。
> 2. 「賞味期限」とは何ですか。資料から1文で抜き出してください。

問題6.2　西山邦隆・山田和歌子「『賞味期限切れ』の食品は、いつまで食べられるか」2013
　　を読み、答えをノートに書いてください。

1. この論文の「研究目的」は何ですか。「Ⅰ はじめに」から1文で抜き出し、最初の5字と
　　最後の5字を書いてください。

2. この論文の調査方法の一つである「官能検査」とは、どのような検査ですか。「Ⅱ 調査方
　　法」の「3. 評価法」から1文で抜き出し、最初の5字と最後の5字を書いてください。

3. この論文で行われているもう一つの調査の方法は、「○○○検査」です。○○○に該当す
　　る漢字3字を書いてください。

4. 「Ⅴ 結論」から「官能検査」と問題6.2-3の「○○○検査」の結果からわかったことを3
　　つ探し、それぞれ数字を含めた最初の7字を答えてください。

問題6.3　農林水産省「食品ロス及びリサイクルをめぐる情勢」2020の28ページを読み、
　　答えをノートに書いてください。

1. 農林水産省は食品ロスを減らすためにどのような商慣習を見直す取り組みを推進してい
　　るか。3つ書きなさい。（ヒント：三位一体）

ポイント3　アウトラインの作成

● テーマについて調べ、関連論文を収集し、何について書くか決まったら、【モデルレポート
　1】【モデルレポート2】から抽出したような「アウトライン」を作成する。

● アウトラインの構成については、第1回を参照すること。

📖 以下の①〜⑥にあてはまる言葉を書いてください。（参考第1回）

（①　　　　　）

1. はじめに
　● 研究背景：日本における「食品ロス」の問題
　　　　　　　　賞味期限と消費期限の違い
　● 研究（②　　　　）：賞味期限切れの食品は捨てるべきか

本論

2. 資料1　賞味期限切れ食品の品質についての科学的検査
　● 調査内容（引用）：賞味期限の切れた食品を「官能検査」と「○○○検査（問題6.2-3
　　の解答）」により調査した。その結果（問題6.2-4の解答）がわかった。
　● （③　　　　）：賞味期限が切れた食品も、ただちに品質が落ちて食べられなくなる
　　わけではない。

3. **資料2** 農林水産省による食品ロス削減のための商慣習見直しの推進
   - 調査内容（引用）：現在、農林水産省は食品ロス削減のため、三つの商慣習の見直し（問題 6.3-1 の解答）を推進している。
   - （③　　　　）：賞味期限の年月表示化により、食品ロスを解消できるだけでなく、事業者側にはコスト削減というメリットがあることを示している。

4. （④　　　　）：

資料1は、賞味期限はおいしさの保証であることを科学的に証明した。

資料2は、賞味期限の日付を切り捨てたとしても品質に影響はないということを明らかにした。

（⑤　　　　）

5. **おわりに**
   - まとめ：賞味期限が切れた食品もすぐに捨てるべきとは限らない。理由：科学的根拠、公的機関の取り組み
   - 今後の課題：消費者として「賞味期限」についての認識を改めること。食品ロスの一因となる過度な鮮度志向を避けることにつながる。

【（⑥　　　　）】

- 「1. はじめに」で引用した Web サイト

  https://www.maff.go.jp/j/syokuiku/kodomo_navi/featured/abc2.html
- 資料1の論文
- 資料2の PDF（Web サイトに掲載）

  https://www.maff.go.jp/j/shokusan/recycle/syoku_loss/attach/pdf/161227_4-147.pdf

第7回

序論（背景）

　第7回からは、実際にレポートを執筆していきます。といっても、アウトライン（レポートの骨格：第6回参照）は、すでに完成しています。第7回〜第13回では、骨格に肉付けをするように文章を書いていくことになります。第7回は序論の一部です。レポートのテーマについての背景を書いていきましょう。

7.1　背景説明

1)　＿＿＿変化＿＿＿に伴い、＿＿＿現象／対象＿＿＿への注目が高まっている。

◆ 実例 ◆

　　大学を取り巻く環境変化に伴い、大学教育の質保証への注目が高まっている。多様な背景をもつ学生に対して、大学はどのような教育活動を行うべきなのだろうか。ここで、新たな大学教育の指針の一つとして、アクティブラーニング（以下、AL）が注目されている。（日本教育工学会 [54]）

2)　近年、＿＿＿現象＿＿＿が大きな社会問題となっている。要因の一例として＿＿＿対象＿＿＿があげられる。

※「〜が深刻化している」「〜が広まっている」などの表現もよく使われる。

◆ 実例 ◆

　　近年、地球温暖化による気候変動が大きな社会問題となっており、自動車から排出される二酸化炭素量の増加が要因の一つに挙げられる。（自動車技術会 [55]）

3)　＿＿＿用語＿＿＿とは＿＿＿定義／説明＿＿＿を意味する（または、「いう」「さす」「示す」「のことである」）。

◆ 実例 ◆

　　アンビバレンスとはものごとに対して肯定・否定の相対する両価性の認知を持つ場合に精神的な負担が生じる状況を示す概念である。（日本看護科学学会 [56]）

4) ＿＿＿用語＿＿＿とは＿＿＿定義／説明＿＿＿と定義される。← 第三者による定義

◆ 実例 ◆

PTGとは「危機的な出来事や困難な経験との精神的なもがき・戦いの結果生ずる、ポジティブな心理的変容」と定義される。（日本心理学会 [57] より一部変更）

5) ＿＿課題＿＿の重要性に関して、＿＿＿研究行動＿＿＿が求められている。

◆ 実例 ◆

プログラミング人材育成の重要性に関して、国際的な認識が高まり、初等教育段階からのプログラミング教育が求められている。（教育システム情報学会 [58]）

6) ～のためには＿＿＿研究行動＿＿＿が必要である（または、「欠かせない」「不可欠である」）。

◆ 実例 ◆

社会的スキルの不足は、抑うつなどの不適応に関与する要因であり（……）、特に青年期においては、対人関係ストレスが抑うつの発生と関与することが指摘されていることから（……）、大学生の抑うつ予防や適応状態の改善のためには、対人的対処資源を強化できるよう、プログラムの回数や内容を改善していく必要がある。（日本心理学会 [59] より一部変更）

7.2　先行研究の紹介・先行研究の問題点の指摘

1) ＿＿＿研究課題＿＿＿については多くの研究が行われている（または、「行われてきた」）。

◆ 実例 ◆

わが国では、対人交流場面で強い不安感や緊張感が生じて日常生活に困難をきたすSADと類似の病態については「対人恐怖」として多くの研究が行われてきている。（日本精神神経学会 [60] より一部変更）

2) ～は、＿＿＿共有知識＿＿＿と言われている。

◆ 実例 ◆

現代はストレス社会と言われて久しいが、過度のストレスを長期間にわたって受け続けると、自律神経系や副腎皮質ホルモンなどの内分泌系にも変調を来すことが明らかになっている。この自律神経系は、緊張・興奮を司る交感神経活動と、リラックスを司る副交感神経活動がバランスよく機能することで身体をコントロールしていると言われている。（エレクトロニクス実装学会 [61] より一部変更）

3) これまでの研究によれば、＿＿＿共有知識＿＿＿がわかっている（または、「である」）。

◆ 実例 ◆

これまでの調査研究によれば、室内緑化にはストレス軽減、視覚疲労の緩和、空気清浄などの効果があることがわかっている。（空気調和・衛生工学会 [62]）

4)　これまでの研究では、〜に焦点が当てられてきた。

◆ 実例 ◆

これまでの学習に関する動機づけ研究の多く<u>では</u>、個人の達成目標に<u>焦点があてられてきた</u>。（日本教育心理学会 [63]）

5)　　　**先行研究**　　では、〜という側面から研究が行われてきた。

◆ 実例 ◆

欧米圏の<u>先行研究では</u>むしろ、これら観光資源をどのように評価、ないしは制限するのか<u>という側面から研究が培われてきた</u>。（地理空間学会 [64]）

6)　　　**研究対象**　　については、まだ十分には検討されていない。

◆ 実例 ◆

育児には養育者に対する直接・間接のサポートが重要であることから（……）、育児困難感に関しても母親に関連するサポート以外にも、父親などの家族による育児サポートも重要な要因であると推察されるが、<u>育児困難感について父親などの家族の視点からの関連要因はまだ十分に検討されていない</u>。（日本看護研究学会 [65] より一部変更）

7)　　　**研究対象**　　についての研究は、管見の限り見当たらない。

◆ 実例 ◆

国語や算数といった既存の教科にプログラミングを導入した場合、学習目標を達成するために、プログラミングがどのような役割を果たしているのか、<u>といった視点での研究は管見の限り見られない</u>。（教育システム情報学 [66]）

第8回

序論（研究目的）

　第8回では、序論の中の研究目的を書きます。研究目的は、このレポート（または論文）で何を論証するかを簡潔に述べるものです。この部分は、絶対に他の資料や論文から引用してはいけません。自分のレポート（または論文）独自の研究目的を、わかりやすい文章で書きましょう。

8.1　研究目的

1)　本稿の目的は、＿＿＿研究行動＿＿＿をしたうえで、＿＿研究課題への示唆＿＿を提示することである。

◆ 実例 ◆

　本稿の目的は、日本における移民の受入れおよび外国人住民施策をレビューした上で、主要な国籍の外国人の分布について示し、今後の「人口減少時代の移民受け入れ」への示唆を提示することである。（静岡県立大学国際関係学部 [67]）

2)　本研究では、＿＿＿研究行動＿＿＿をし、＿＿＿研究課題＿＿＿について考察する。

◆ 実例 ◆

　本研究では、青少年インターネット環境法の基本理念を実践し効果的な結果を生み出すための情報リテラシー教育の方策について考察する。（情報文化学会 [68]）

3)　本研究は、＿＿＿研究課題＿＿＿を明らかにすることを目的とする。

※「～について論じる」「～について提案する」「～について検討する」などの表現もよく使われる。

◆ 実例 ◆

　本研究は、北海道の農村に在住する高齢女性の食生活の満足および生活の満足に影響する食行動の要因を明らかにすることを目的とする。（日本公衆衛生学会 [69]）

第9回

本論（文献の引用）

　本論の文献の引用の部分では、レポート（または論文）の研究目的を論証するために、他の文献のデータや証明された事実を紹介します。そのとき、誰の、何というタイトルの、どこに載っている論文（またはレポート・資料）に書いてあったのかを明記する必要があります。これができていないと盗用となり、様々なペナルティが課されますので、特に気をつけて書きましょう。

9.1　自分の主張を裏付ける資料の引用

1)　　　先行研究（著者名）　　は、　　知見　　と［述べている／報告している／指摘している］。

◆ 実例 ◆

　道田は、大学教育において、専門教育が本格化する前の段階で身につけるべき力は疑問を持つ力である「質問力」であり、文章の論旨に対し、実際に疑問を呈することができることは、論理性を高めることにもつながりうると述べている [1]。（日本教育心理学会 [70] より一部変更）

2)　　　先行研究（著者名）　　に［よれば／よると］、　　知見　　［という／である］。

◆ 実例 ◆

　谷によれば、アイデンティティとは「斉一性・連続性をもった主観的な自分自身が、まわりからみられている社会的な自分と一致するという感覚」である [2]。（日本発達心理学会 [71] より一部変更）

3)　これまでに、　　知見　　という指摘がなされている。

◆ 実例 ◆

　これまでに科学リテラシーを身につけさせるには研究体験の機会提供が重要との指摘 [3] や、研究体験型の実験教室が科学リテラシーの向上に役立つという指摘 [4] がなされている。（日本科学教育学会 [72] より一部変更）

4) 〜は、＿＿＿＿知見＿＿＿＿と［言われている／考えられている］。

◆ 実例 ◆

　ユーモアは、生理的指標、社会的指標、認知的指標の 3 点においてストレス緩和効果を持ち、精神的な安定をもたらすと言われている [5]。つまり、雑談の質を高め、ユーザを楽しませるためには、非タスク指向型対話システムにおいて、ユーモアを導入することが効果的であるといえる。（日本感性工学会 [73] より一部変更）

5) ＿＿先行研究（著者名）＿＿は、＿＿＿＿知見＿＿＿＿を明らかにしている。

※〜と「論じる」「提案する」「主張する」「説明する」「考察する」などの表現もよく使われる。

◆ 実例 ◆

　松尾は、中学生を対象とした調査を行い、自己価値得点と他者価値得点が低い中学生は非社会性と反社会性が高いこと、すなわち自分と他者を価値あるものと捉えられない中学生は人との関わりを避ける傾向が強く、また社会的に許されない攻撃的な行為への志向性が強いことを明らかにしている [6]。（日本教育心理学会 [74] より一部変更）

第10回

本論（解釈）

本論の解釈の部分では引用の部分で紹介した事実が、自分のレポートの研究目的と照らし合わせてどのような意味があるのか、ということを述べます。まず、引用した事実のなかで、自分のレポートの研究目的の論証に必要な部分を示し、その後、その部分が自分の研究目的の論証の中でどのような根拠となりうるか（どのような意味があるのか）、ということを示します。

10.1　資料の解釈

1)　____引用内容____　は、____解釈____　を［示している／示唆している］。

◆ 実例 ◆

省察と同様の概念に「内省的思考 (reflective pondering)」がある [7]。内省的思考は、問題の分析や解決のために意図的に内面へと注意を向けることを特徴とし、同時点で測定した抑うつとは正の相関がある一方で、1年後に測定した抑うつとは負の相関が得られている。このことは、内省的思考は短期的には抑うつ気分を強めるものの、長期的には効果的な問題解決へと至るため、ネガティブな気分を制御するのに役立っていることを示唆している。（日本パーソナリティ心理学会 [75] より一部変更）

2)　____引用内容____　からわかるのは、____解釈____　ということである。

◆ 実例 ◆

Maynard では「『はい』は他の『ええ』『うん』などの中で最も中立的な表現」と述べられている [9]。また、富阪や武田ほかでは、聞き手の反応のリストが提示される際に「フォーマルに話したいとき」の欄に「はい」を配置し、「カジュアルに話したいとき」の欄に「うん」を配置して提示している [10][11]。ここからわかるのは、日本語教育において「うん」「はい」は基本的には丁寧さが異なるものとして提示され、形式間の違いに関係なく「『聞いていることを示す』『分かったということを示す』」機能を持つものとして同列に並べられているという点である。（国立国語研究所 [76] より一部変更）

3)　先行研究から、＿＿＿解釈＿＿＿ということがわかる。

◆実例◆

　　文部科学省の「『新しい公共』の担い手育成の支援方策について資料4－1」では、日本の
大学全体の SA 制度実施率は約5割であることが報告されており [8]、学習支援の制度と
して重要視されていることがわかる。（日本教育工学会 [77] より一部変更）

第11回

本論（考察）

本論の考察部分では、引用した文献のデータや事実から、研究目的についてどのようなことが言えるか、ということを書きます。レポートで一番大切な部分ですので、しっかり考えて特にわかりやすく書くことが必要です。この教科書では、考察の内容はすでに考えられたものがアウトラインで示されています。第11回ではアウトラインで示されている骨組みに、適切な表現で肉付けして、考察を完成させましょう。

11.1　考察

1) 　　　先行研究　　　は～という興味深い見解を示している。

◆ 実例 ◆

小選挙区部分では大政党に有利に働くので一党優位体制が生じるという佐藤の考え [1] は非常に興味深い見解である。（日本選挙学会 [78] より一部変更）

2) 　　先行研究の見解　　は～という ［観点から／点で］［意義がある／重要である］。

◆ 実例 ◆

個人の自己尊重が肯定されるときに最もよく学習は行われるという意見もあり [2]、学習効果を上げるという観点からも他者からの肯定的評価を受けることは意義があると考える。（日本看護管理学会 [79] より一部変更）

3) 　　先行研究の見解　　は～という点 ［が明確ではない／で不十分である／については検討されていない］。

◆ 実例 ◆

以上で述べた先行研究には、大きな2つの問題点が挙げられる。1つは、批判的思考態度の構造が十分には明らかにされておらず、それらを測定するための尺度の整備も十分ではない点である。もう1つは、批判的思考の態度とさまざまな情報に基づく判断との関係性については検討されているものの、結論を導出するまでのプロセスについてはほとんど検討されていない点である。（日本教育心理学会 [80]）

4）　〜の原因として、〜が挙げられる。

◆実例◆

　　日本人のスピーチやプレゼンテーションが欧米人とくらべて貧弱と言われる<u>原因としてプ</u>レッシャーに弱いことが<u>あげられる</u>。（社会心理学会 [81] より一部変更）

5）　　　結果　　　は、　　　原因　　　に起因していると［考えられる／推測される］。

◆実例◆

　　本研究において、項目４が尺度を構成する項目として抽出されなかった<u>理由は</u>、諸外国と我が国における中年者の休暇のあり方の差異<u>に起因していると考えられる</u>。（日本公衆衛生学会 [82]）

6）　　　原因　　　は、　　　結果　　　をもたらす可能性がある。

◆実例◆

　　高齢者に対する縦断調査では、追跡期間中の脱落者の<u>存在が</u>、継続回答者に対する分析結果に歪みを<u>もたらす可能性がある</u>。（日本公衆衛生学会 [83]）

7）　このことより〜と［言える／考えられる］。

◆実例◆

　　<u>このことから</u>、ピア・レスポンスの活動では、教師と学習者とのインターアクションには起こりにくい種類の言語使用場面の可能性がある<u>ことが言える</u>のではないか。（国際交流基金 [84]）

8）　この結果から判断すると、〜［と言える／である］。

◆実例◆

　　<u>この結果から判断すると</u>、気乾状態でも湿潤状態でも、試験片の変形や破壊の機構は変わらず、ただ単に湿潤状態での現象の進行速度が何らかの原因で加速されている可能性が高<u>いと言えよう</u>。（資源・素材学会 [85]）

9）　たしかに、〜ということは否定できない。しかし、　　　主張　　　。

◆実例◆

　　「ストレス」という言葉は、日常生活で身近によく使われている。一般にストレスという言葉はネガティブな意味が強く、生活にとって好ましくないものという響きがある。<u>確かに</u>、われわれの身の回りにある多種のストレスにより、からだやこころの健康が脅かされ、その結果、身体の不調、疾患へとつながっていく<u>ことが少なくない</u>。<u>しかし</u>、近年の分子生物学の進展に伴い、われわれの生体には極めて精巧な防御システムが構築されており、ホメオスタシスを維持するためのシステム、仕組みができていることも分かってきた。ストレス、すなわち外からのシグナルを受けて、生体は巧みに応答する。場合によってはスト

レスをうまく利用して、生体を常によい状態に保つようにしている。多くのストレスが、時によってはよいシグナル、よいストレスとなることもある。（日本薬理学会 [86]）

10)　［以上のことから／このように］、＿＿＿まとめ＿＿＿と言える。

◆ **実例** ◆

　　以上のことから、全体的な傾向として、男性は小動物や魚のいるような自然の多いところを、女性は草花のある原っぱや野原を望む傾向が強いと言える。（日本造園学会 [87]）

11)　以上のことから、＿＿＿まとめ＿＿＿と結論づけられる。

◆ **実例** ◆

　　以上のことから、地域内レベルでの特化の経済性は逓減しつつあるとはいえ、地域間ネットワークレベルでの経済性は増加する傾向にあると結論づけられる。（日本地域学会 [88]）

第12回

結論（まとめ・今後の課題）

　結論のまとめ部分では、レポート（または論文）で、どのような問いを立て（研究目的）、どのような調査をし（引用・解釈）、そこから何がわかったか（考察）、ということを要約して示します。時間のない読み手は、結論だけを読むこともあるので、レポートの全体がわかるように書きましょう。その後、今後の展開部分で、今回のレポートで得られた結論の不足部分や、今後の展開について書きましょう。

12.1　まとめ

1)　本研究では、〜の観点から＿＿＿＿研究課題＿＿＿＿の［検討／考察］を［行った／進めてきた］。

◆ 実例 ◆

　　　本研究では、生態系保全の観点から海岸事業を見てきたが、この問題は生物学など技術的側面に留まらず、海岸事業の実施過程など、制度的側面にまで及んでいることが浮き彫りになった。（応用生態工学会 [89]）

2)　本研究の結果は、＿＿＿＿解釈＿＿＿＿を［示している／示唆している］。

◆ 実例 ◆

　　　本研究の結果は、近年指摘されている青年期の友人関係の希薄化や表面化を捉える際に、自己愛という概念を考慮することが有用であることを示唆しているといえよう。（日本教育心理学会 [90]）

3)　以下、本研究で得られた結果を要約する／本研究の結果は、次の○点に要約される。

◆ 実例 ◆

　　　本研究の結果は、次の3点に要約される。1. 自己充実的達成動機が高い場合は、日常的な落込みを感じることがあっても、抑うつを形成しにくい。2. 競争的達成動機が高い場合は、落込みやすく、また、抑うつを形成する場合もある。3. 落込み・抑うつとソーシャルサポートとの関係には、その個人の達成動機の質が介在する、というものである。（日本教育心理学会 [91]）

4)　これらの結果から＿＿＿＿結論＿＿＿＿が明らかになった。

◆ 実例 ◆

　　心理実験の結果、人間が表明した意見に同意したエージェントに対して人間同士の場合と
　　同様に親和的反応を引き起こしていたことが明らかになった。（情報処理学会 [92]）

5)　＿＿＿結果／方法＿＿＿は＿＿＿観点＿＿＿という点で［意義がある／重要である］。

◆ 実例 ◆

　　システムをフェイルセイフダウンするように設計することは、故障によってユーザに直
　　接危害が加わるのを防ぐためばかりでなく、システムがより大規模なシステム（たとえ
　　ばコンピュータネットワーク）の構成要素である場合、故障の影響を他に波及させない
　　という点でも有意義である。（計測自動制御学会 [93]）

6)　＿＿＿結果／方法＿＿＿は〜に対しても幅広い応用が期待できる。

◆ 実例 ◆

　　本システムは、お絵書きや楽器演奏のためのエンターテイメントシステムの操作インタ
　　フェースなどに対しても幅広い応用が期待できる。（情報処理学会 [94]）

12.2　今後の課題

1)　〜の可能性は、今後も高まると予想される。

◆ 実例 ◆

　　生食用野菜が各種の病原体に汚染される可能性は種々の理由により今後も高まると予想され
　　る。（日本食品衛生学会 [95]）

2)　今後、＿＿＿対象＿＿＿の［改善／対策／取り組み］が求められる。

◆ 実例 ◆

　　このような生産モデルを活用する考え方などを導入し、エンジニアリング業務全体を効率
　　化するとともに、組織全体の方向性を打ち出しながら、モノづくり活動を強く推進するこ
　　とが今後、求められてくると考えられる。（精密工学会 [96]）

3)　＿＿＿対象＿＿＿は、〜における課題の解決に向けて、＿＿＿解決行動＿＿＿すべきである。

◆ 実例 ◆

　　科学教育は、社会における課題の解決に向けて、教育理論を社会的営為に適用して改善し、
　　人々の生涯学習と社会の成長を促し、新たな社会的価値と文化を醸成することも視野に入
　　れるべきである。（日本科学教育学会 [97]）

4) 本研究では＿＿＿＿**課題**＿＿＿＿については言及することができなかった。

◈実例◈

　　この研究では潜在因子モデルにおける評価プロセスの設計/開発に主眼を置いたことから、<u>衛星データを他の地理情報と融合して評価アルゴリズムに組み込むことが可能であることを示すにとどまった</u>。そのため衛星データそのものが分級評価に及ぼす影響や精度の問題<u>については言及することができなかった</u>。（土木学会 [98]）

5) ＿＿＿＿**課題**＿＿＿＿についての［検討／考察］は、別稿に譲りたい。

◈実例◈

　　中学 2、3 年から高等学校に至る学習のあり方の<u>検討は、別稿に譲りたい</u>。（全国数学教育学会 [99]）

6) 今後は＿＿＿＿**課題**＿＿＿＿にも研究を拡大し、さらなる検証を重ねたい。

◈実例◈

　　<u>今後は</u>調査対象を<u>拡大し、さらなる検証を重ねた</u>うえで、サイクルツーリズムの効果的な展開方法<u>について</u>具体的に<u>検討していきたい</u>。（経営情報学会 [100] より一部変更）

第13回

参考文献リストの記載方法

　レポート（または論文）では、立てた問い（研究目的）に対して、どのような資料を調べた
かということが、内容の信頼度を左右します。また、あなたの書いたレポート（または論文）
が、他の人のレポートや論文の資料として読まれることもあります。そのとき興味深い記述が
あれば、読者は参考文献にある文献も探すでしょう。あなたのレポートの信頼度を上げるため
に、そして、読者があなたの引用した資料をすぐに探し当てられるように、情報に誤りや不足
がないかどうか、注意して書きましょう。

13.1　参考文献一覧の書式例

学術雑誌（論文）の場合
　（必須項目）著者名，"標題，"雑誌名，巻，号，pp.を付けて始め－終りのページ，発行年.
　[1] 山上一郎，山下二郎，"パラメトリック増幅器，"信学論（B），vol.J62-B, no.1, pp.20-27,
Jan. 1979.
著書、編書の場合
　（必須項目）著者名，書名，編者名，発行所，発行年.
　[2] 山田太郎，移動通信，木村次郎（編），（社）電子情報通信学会，1989.
著書の一部を引用する場合
　（必須項目）著者名，"標題，"書名，編者名，章番号または pp.を付けて始め－終りの
ページ，発行所，発行年.
　[3] 山田太郎，"周波数の有効利用，"移動通信，木村次郎（編），pp.21-41,（社）電子情
報通信学会，1989.
Web ページの場合
　（必須項目）著者名，"Web ページタイトル，"サイト管理者名等，URL，文書年月，参
照年月日.
　[4] 著作権管理委員会，"本会出版物（技術研究報告以外）に掲載された論文等の著作
権の利用申請基準，"電子情報通信学会，http://www.ieice.org/jpn/about/kitei/files/
chosaku_hyou3.pdf, Dec. 2018, 参照 Aug. 3, 2020.

- 著者名、書名などの書誌情報の並べ方や記号の使い方については分野によって異なるので、自分の研究分野の引用ルール（学会の投稿規定、卒業論文の作成要領など）を確認すること。
- 引用したい部分を見つけたら、書誌情報を必ずメモしておくこと。後で探せない資料は論文・レポートのための資料としては使えない。
- 入手した文献の複写物やデータは必ず保存しておくこと。

問題 13.1 以下の本の奥付や学術雑誌の表紙を見て、参考文献リストを作成してください。

1.

IoT システム構築の基礎

発行日	2020 年 4 月 1 日　初版 第 1 刷
著者	情報太郎
発行者	北海花子
装丁者	東京一郎
印刷・製本所	株式会社 HIU アカデミー
発行所	北海道情報大学出版会
	〒069-○○○○　北海道江別市西野幌◇◇番◇
	Tel.011-385-△△△△

2.

3.

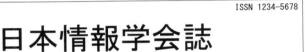

ISSN 1234-5678

日本情報学会誌

Japanese Journal of Information Science

7 巻 2 号

特集

高度情報化社会の到来と企業の経営戦略　　東京一郎　1

ビッグデータを活用した人工知能技術の研究開発動向　　北海冬子　17

研究論文

災害時における情報収集システムの構築と運用　　情報太郎　33

高齢者の IT 利用特性に関する研究　　大阪次郎　49

スマートフォンを利用したバスロケーションシステムの基礎開発　　沖縄夏子　68

日本情報学会　編
2020 年 10 月

第14回

提出前の原稿チェック（体裁）

　第14回では、アウトライン付きのテンプレートから、最終提出用のレポートテンプレートに合わせて、本文の体裁を整えます。読み手にとって必要な情報が抜けていないか、不要な情報が入っていないか細部にまで気を配りながら作成しましょう。

作業の手順例

※ここに挙げる手順は、この教科書に沿ってレポートを書いてきた場合の提出前の作業例です。実際には、レポートを課している科目・論文を書く分野によって必要な作業が異なりますので、詳しくは先生の指示に従ってください。

1) 最終提出用テンプレートをダウンロードする。
2) ファイル名を「（学籍番号・名前・科目名_最終提出用）」に変更する。
3) 今まで執筆してきたアウトライン付きのテンプレートから、最終提出用テンプレートへ、p.51〜p.54で指示されている部分をコピー＆ペーストする。
4) 最終提出用テンプレートに指示されている不要な情報（※の部分）をすべて消す。
5) 本文の文字数をカウントする：本文（タイトルと参考文献以外の部分）を全て選択し、文字カウントを行い、最終提出用テンプレートの指示部分に記入する。
   ※文字カウント：Wordの場合、「校閲＞文字カウント」の「文字数（スペースを含める）」を使ってください。
6) 再度全体を確認し、提出する。

完成！(^^)

第15回

提出前の原稿チェック（推敲）

　第15回では、第14回までに書いてきたレポートの推敲をします。推敲とは、一度書いた表現を練り直すことです。以下のチェックリストの内容を**すべて満たしているか**セルフチェックをしましょう。

　課題：レポートのセルフチェック

※ チェックリストは提出の必要はありません。

チェック項目	✓
タイトル・氏名・学籍番号はすべて記載されているか。	
指定された体裁を守っているか。	
指定された字数を守っているか。	
誤字脱字はないか。	
話し言葉ではなく書き言葉で書けたか。	
「私は」「〜思う」「〜感じる」「〜だろう」「〜たり」「〜とか」（×）	
文末は常体（だ・である）で統一されているか。	
漢字や送り仮名に注意したか。	
文末が体言止めになっていないか。「不要。（×）→ 不要である。（○）」	
文法ミスはないか。	
句読点・記号の使い方に注意したか。	
ひらがなで書く言葉に注意したか。「事」「時」「出来る」「〜て良い」（×）	
「のである」を乱用していないか。	
文の長さに注意したか。（1文は60字以内）	
段落分けをしているか。	
同じ表現の繰り返しはないか。	
接続語を適切に使えたか。	
本文のどの部分について、どの文献を参照したかをきちんと明示しているか。	
他者の意見と自分の意見を区別しているか。	

引用したすべての文献を参考文献リストに記載しているか。	
主語と述語が一致しているか。	
段落と段落、文と文、句と句が論理的につながっているか。	
読者にもわかるように筋道を丁寧に説明しているか。	
テーマと無関係な論点になっていないか。	
盗用の間違いを犯さないように注意したか。	

【レポートテンプレート（アウトライン付き）】

○○○○年度「科目名」○曜○講目（担当教員：○○○○）

賞味期限切れの食品は捨てるべきか

○○学科　○年

1234567

情報 太郎

1．はじめに

・研究背景：日本における「食品ロス」の問題 　　　　　賞味期限と消費期限の違い ・研究目的：賞味期限切れの食品は捨てるべきか

☛研究背景を書いてみましょう。（300字程度）

☛研究目的を書いてみましょう。（100字程度）

２．賞味期限切れ食品の品質についての科学的検査

［資料１］

・調査内容（引用）：賞味期限の切れた食品を「官能検査」と「微生物検査」により調査した。その結果（第6回資料、問題6.2-4の解答）がわかった。

・解釈：賞味期限が切れた食品も、ただちに品質が落ちて食べられなくなるわけではない。

☛資料１の内容や資料１で明らかになった点を簡潔にまとめましょう。（150字程度）

☛資料１の解釈を書いてみましょう。（150字程度）

３．農林水産省による食品ロス削減のための商慣習見直しの推進

［資料２］

・調査内容（引用）：現在、農林水産省は食品ロス削減のため、三つの商慣習の見直し（第6回資料、問題6.3-1の解答）を推進している。

・解釈：賞味期限の年月表示化により、食品ロスを解消できるだけでなく、事業者側にはコスト削減というメリットがあることを示している。

☛資料２の内容や資料２で明らかになった点を簡潔にまとめましょう。（150字程度）

☛資料２の解釈を書いてみましょう。（150字程度）

４．考察

> ・資料1は、賞味期限はおいしさの保証であることを科学的に証明した。
> ・資料2は、賞味期限の日付を切り捨てたとしても品質に影響はないということを明らかにした。

☞**考察を書いてみましょう。（200字程度）**

５．おわりに

> ・まとめ：賞味期限が切れた食品もすぐに捨てるべきとは限らない。理由：科学的根拠、公的機関の取り組み
> ・今後の課題：消費者として「賞味期限」についての認識を改めること。食品ロスの一因となる過度な鮮度志向を避けることにつながる。

☞**結論をまとめましょう。（200字程度）**

☞**今後の課題を述べましょう。（100字程度）**

（1200字以上、1600字以内）

参考文献

> ・「1. はじめに」で引用した Web サイト
> https://www.maff.go.jp/j/syokuiku/kodomo_navi/featured/abc2.html
> ・資料 1 の論文
> ・資料 2 の PDF（Web サイトに掲載）
> https://www.maff.go.jp/j/shokusan/recycle/syoku_loss/attach/pdf/161227_4-147.pdf

☞**参考文献の書き方のルールに従い、参考文献を書きましょう。**

以下の※の部分はすべて消してから提出してください。

【最終提出用テンプレート】
○○○○年度「科目名」○曜○講目（担当教員：○○○○）

※すべて記入してください。

賞味期限切れの食品は捨てるべきか

○○学科　　　○年

※記入してください。

1234567

情報　太郎

※記入してください。

1．はじめに
（一段落目：研究背景（A）をコピー＆ペーストする。）
（二段落目：研究目的（B）をコピー＆ペーストする。）

2．賞味期限切れ食品の品質についての科学的検査
（一段落目：資料1の要約（C）をコピー＆ペーストする。）
（二段落目：資料1の解釈（D）をコピー＆ペーストする。）

3．農林水産省による食品ロス削減のための商慣習見直しの推進
（一段落目：資料2の要約（E）をコピー＆ペーストする。）
（二段落目：資料2の解釈（F）をコピー＆ペーストする。）

4．考察
（考察（G）をコピー＆ペーストする。）

※文章作成が終わったら、
指示文（～をコピー＆ペーストする。）は
すべて消してください。

5．おわりに
（結論（H）をコピー＆ペーストする。）
（今後の課題（I）をコピー＆ペーストする。）

※第14回の「作業の手順例5」で出した
文字数を記入してください。

（1200字以上、1600字以内）

【参考文献】
[1]（参考文献（J）をコピー＆ペーストする。）
[2]
[3]

【モデルレポート 1】
○○○○年度「科目名」○曜○講目（担当教員：○○○○）

救急車の有料化の是非
── 成人軽症者の救急車利用を抑制するために ──

○○学科○年

1234567

情報 太郎

1. はじめに

近年、救急車の出動件数の増加が社会問題となっている。平成 20 年度から平成 29 年度の 10 年間で救急車の出動件数は 24.4 ％増加しているが、救急隊員数と救急車の配備数はともに約 6 ％の増加にとどまっている [1][2]。増加の原因として高齢化の進展があげられ、高齢者の救急車利用に焦点が当てられてきた。しかし、高齢者の不適正利用は 5 ％〜6 ％に過ぎず [3]、高齢になるほど緊急度が高まるため、65 歳以上の救急車利用は無料とすべきという研究もある [4]。救急搬送において高齢者の次に多い 32.8 ％を占めるのは 18 歳から 64 歳までの成人である。このうち軽症者は 61 ％で [5]、実際の人数としては救急搬送された高齢者の軽症者数とほぼ同数である。この成人軽症者の救急搬送数をおさえることができれば、救命率を低下させずに、救急車の出動件数の抑制に貢献できると考えられる。本研究では、成人の救急車利用に着目し、救急車を有料化することが成人による救急車の利用を抑制するために有効であるかどうかについて考察する。

2. 救急車の利用についての成人の意識

札幌市では救急車の利用について調査した結果、札幌市全域の 20 歳以上の男女 4,546 人から回答があった。民間救急サービスの利用については、「利用したくない」という回答が 20 歳〜59 歳で 60.3 ％〜69.1 ％であった。利用したくない理由は「自家用車など別の手段があるから」が 20 歳〜59 歳で 65.5 ％〜76.7 ％、「料金が高そうだから」が 20 歳〜39 歳で 50.4 ％〜51.3 ％、40 歳〜59 歳で 34.5 ％〜41.6 ％であった [6]。

上記調査では、10 歳ごとの年齢区分でアンケート結果を集計しているため、ここでは成人を 20 歳〜59 歳、高齢者を 60 歳以上と仮定する。札幌市の調査結果では、成人の 7 割程度が民間救急車について自家用車など別の手段があれば利用の必要はないと考えている。また、料金が高そうというイメージも利用を敬遠する要因となっている。

3. 救急車を有料化する場合の最適な料金とは

　田中らは、救急車の有料化に関する政策提言を行うことを目的とし、救急需要の増加による患者の救命率低下の経済的な損失と、救急車の待機・出動などにかかる費用を経済学に基づいた手法を用いて分析し、最適な救急車の利用価格を推定した。その結果、13,600 円から 17,600 円が最適な料金であると報告している。この価格帯であれば軽症者の需要は減少するが、重症者の需要は減少しないことも試算されている [7]。

　上記研究では、軽症者の利用のみが減少するように救急車の利用料金を設定した場合、その料金は 13,600 円〜17,600 円となることが明らかにされている。

4. 考察

　札幌市の調査は、成人による民間救急サービスの利用を抑制する原因が、その料金の高さであることから、救急車の利用の有料化が、成人の救急車利用抑制の有効な手段となりうることを示した点で意義がある。田中らは、重症者の救急車の利用を抑制せず、軽症者の利用のみを抑制するように利用料金を設定することが可能であり、その具体的な金額を算出しているという点で重要である。以上の調査結果より、成人の救急車利用については、適切な料金で有料化することで、軽症者の不適正利用が抑制されうると言える。したがって、成人の救急車利用は有料化すべきであると結論づけられる。

5. おわりに

　本研究では、成人軽症者の救急車利用を抑制するために、救急車を有料化すべきかについて検討を行ってきた。その結果、適切な料金で救急車を有料化することが成人軽症者の救急車利用の抑制に有効であることが示された。したがって、成人の救急車利用は有料化すべきであると考えられる。

　高齢化社会の進展に伴い、高齢者の救急車利用は今後も増加することが予想される。成人軽症者の利用を抑制してもなお、救急車の出動件数が増加する可能性も高い。救命率を低下させずに、高齢者の利用を抑制するための方策の検討が今後さらに求められるだろう。

（1,571 字）

【参考文献】

[1] 総務省消防庁, "平成 21 年度版救急救助の現況," https://www.fdma.go.jp/publication/rescue/post1.html, 参照 Sep. 25, 2020.

[2] 総務省消防庁, "平成 30 年度版救急救助の現況," https://www.fdma.go.jp/publication/#rescue, 参照 Sep. 25, 2020.

[3] 山下寿, 古賀仁士, 矢野和美, 瀧健治, 島弘志, "高齢者救急の救急搬送の増加問題とその対応策 — 特に救急車の有料化について —," 日本臨床救急医学会雑誌, vol.19, no.1, pp.1-6, Feb. 2016.

[4] 大原伸騎, 小松俊哉, 辻慶紀, 矢山貴之, "当院の深夜帯救急搬送から見る高知県救急医療の問題," 高知赤十字病院医学雑誌, vol.21, no.1, pp.45-48, 2016.

[5] [2] に同じ

[6] 札幌市, "平成 19 年度第 1 回市民アンケート調査結果," https://www.city.sapporo.jp/somu/shiminnokoe/citi_enq/h1901/documents/01theme.pdf, 参照 Sep. 25, 2020.

[7] 田中輝征, 半谷芽衣子, 松本佑史, "救急医療サービスの経済分析" 「公共政策の経済評価」事例プロジェクト, pp.1-39, Mar. 16, 2007.

【モデルレポート 2】
〇〇〇〇年度「科目名」〇曜〇講目（担当教員：〇〇〇〇）

ゲームは子供の可能性を伸ばす
― 小学生の学習におけるゲーム導入の有効性について ―

〇〇学科〇年

1234567
情報 太郎

1. はじめに

2020 年 4 月から実施されている新学習指導要録では、学校の ICT 環境の整備の重要性が明記されている [1]。それに伴い、ICT 環境の活用への注目が高まっている。そのひとつに教育におけるゲームの利用がある。一般的にゲームと呼ばれるビデオゲームについては、多くの研究が行われてきた。古典的なビデオゲームの研究では、ゲームとは、ルールとフィクションの二つの要素を持ったものであると定義される [2]。小学生のビデオゲーム利用については、生活リズム、身体活動頻度の活用への悪影響を論じた研究がある [3][4]。また小学生のオンラインゲームでの課金率も、社会人よりは少ないものの、大学生と同程度で、スマートフォン保有率を考慮すると大学生よりも実際の課金率は高いという研究もあり [5]、経済観念の未熟な小学生のゲーム利用については議論がある。このように、これまでの研究ではゲーム利用のデメリットが明らかにされている。しかし、メリットについてはまだ十分には検討されていない。

本研究では、教育におけるゲームの導入事例をレビューした上で、ゲームには小学生の可能性を伸ばすという側面があるかどうかについて考察する。

2. 韓国の小学校の e 教科書及びゲームに関する調査

カレイラ・金は、韓国の公立小学校でゲームの搭載されている e 教科書を使用している小学校 4〜5 年生 10 名に対してアンケート調査を行った。アンケート調査では、学習意欲を「注意」、「関連性」、「自信」、「満足感」の 4 側面から捉える ARCS 動機付けモデルにもとづく質問項目を使用した。その結果、上記 4 つの項目すべてで 8 割の児童にゲームは高く評価され、特に「注意」の意欲が高かった。将来的には友人と競ったり協力したりするゲームの搭載への要望があった [6]。

この研究では、ゲームの導入によって、児童は小学校での学習内容が楽しい、面白いと感じるという効果が得られることが明らかになった。ただし、カレイラ・金の調査では予備調査として行われたため、対象人数が 10 名のみである。現在、この予備調査に基づく研究が行われており、より大規模な調査研究の結果が待たれている。

3. ゲーミフィケーションの要素を取り入れた電子教材の実践と評価

福山らの研究ではゲーミフィケーションの要素を取り入れた電子教材（以下、アプリ）の算数を 70 名の小学校 1 年生が 2 週間（授業時間内で 2 時間、朝学習などで 1 日 15 分程度）利用し、事前・事後のテストを行なった。また、児童に事後アンケート調査、教員に事前・事後のインタビュー調査を行なった。その結果、事後テストの平均点では有意な伸びが見られた。児童はアプリでの学習を楽しい、継続したいと評価した。教員は事前インタビューでは視覚的なわかりやすさ、楽しめることを期待し、学習効果を懸念していたが、事後インタビューでは児童が意欲的に取り組めたことを評価していた [7]。

この研究では、ゲームの要素を取り入れた教材の使用により、客観的にはテストの点数が上がり、主観的にも児童が積極的に取り組むようになったとの結果が得られた。ただし、客観的なテストの点数の伸びは、今後アプリを利用していないクラスとの比較もされるべきである。

4. 考察

カレイラ・金の調査でも、福山らの調査でも、ゲームの利用による学習の動機付けへの有効性が認められた。また、学習効果については、未使用群との比較などの課題はあるが、福山らの研究によって、テストの点数が上がるなど、一定程度の有効性が認められた。

5. おわりに

本研究では、ゲームは小学生の可能性を伸ばすかという観点から検討を行った。その結果、ゲームの導入は特に学習の動機付けの面で有効であることが明らかになった。その点では、ゲームは小学生の学習面での可能性を伸ばすという側面があるということを示している。

今後、ゲーム使用のメリットが従来指摘されてきたデメリットを上回るかどうかについて、より詳細な検討が進められるべきである。具体的には、ゲーム使用と動機付けの関連性についてのより大規模な調査や、学習効果について未使用群と比較した調査などを行うことが求められる。

(1,715 字)

【参考文献】

[1] 文部科学省, "小学校プログラミング教育に関する概要資料," https://www.mext.go.jp/component/a_menu/education/micro_detail/__icsFiles/afieldfile/2019/05/21/1416331_001.pdf, 参照 Jan. 04, 2021.

[2] イェスパー・ユール, ハーフリアル：虚実の間のビデオゲーム, 松永伸司（訳）, ニューゲームズオーダー, 2016.

[3] 岡村佳代子, 草川恵子, 中田紋子, 若野暢代, 福本純子, 奥田豊子, "小学校高学年児童の生活リズムと朝食摂取との関連性," 大阪教育大学紀要, vol.57, no.2, pp.37-47, 2009.

[4] 吉田亨, 常見理英, 川島佐枝子, 石野由貴江, 武田潔子, 前原宏司, 萩原敏雄, "小・中学生の

健康行動と生活・意識に関する調査－群馬県大間々町地域保健計画策定に向けて－," 群馬保健学紀要, vol.23, pp.117-124, 2002.

[5] 小川一仁, 川村哲也, 小山友介, 本西泰三, 森知晴, "日本の小中高生はオンラインゲームにどれほど課金しているのか？：教室内アンケートを用いた分析," 情報通信学会誌, vol.37, no.1, pp.47-52, 2019.

[6] カレイラ松崎順子, 金庭希, "韓国の小学校の英語のe教科書およびゲームに関する予備調査," 東京未来大学研究紀要, vol.10, pp.203-210, 2017.

[7] 福山佑樹, 床鍋佳枝, 森田裕介, "ゲーミフィケーションの要素を取り入れた小学校1年生向け電子教材の実践と評価," デジタルゲーム学研究, vol.9, no.2, pp.31-40, 2017.

出典一覧、参考文献

実例の出典一覧

第 2 回

[1] 白鳥則郎・菅原研次・菅沼拓夫・藤田茂・小出和秀 (2006)「1. Symbiotic Computing：ポスト・ユビキタス情報環境へ向けて（〈特集〉シンビオティック・システムの実現に向けて：人、社会、環境、情報システムの協調系）」『情報処理』47(8)、pp.811-816

[2] 栗田多喜夫・加藤俊一・福田郁美・坂倉あゆみ (1992)「印象語による絵画データベースの検索」『情報処理学会論文誌』33(11)、pp.1373-1383

[3] 淺間一（2012)「原子力発電所事故対応のための遠隔操作技術」『日本ロボット学会誌』30(6)、pp.588-591

[4] 田中敏明 (2003)「リハビリテーションへの VR 技術応用（〈特集〉福祉と VR)」『日本バーチャルリアリティ学会誌』8(2)、pp.76-80

[5] 肥後芳樹・楠本真二・井上克郎 (2008)「コードクローン検出とその関連技術」『電子情報通信学会論文誌 D』J91-D(6)、pp.1465-1481

[6] 平井佑樹・井上智雄 (2012)「ペアプログラミング学習における状態の推定：つまずきの解決の成功と失敗に見られる会話の違い」『情報処理学会論文誌』53(1)、pp.72-80

[7] 友納正裕 (2011)「移動ロボットのための確率的な自己位置推定と地図構築」『日本ロボット学会誌』29(5)、pp.423-426

[8] 松本康 (2003)「都市社会学の遷移と伝統」『日本都市社会学会年報』2003(21)、pp.63-79

[9] 友田泰正 (1970)「都道府県別大学進学率格差とその規定要因」『教育社会学研究』25、pp.185-195

[10] 友納正裕 (2011)「移動ロボットのための確率的な自己位置推定と地図構築」『日本ロボット学会誌』29(5)、pp.423-426

[11] 友納正裕 (2011)「移動ロボットのための確率的な自己位置推定と地図構築」『日本ロボット学会誌』29(5)、pp.423-426

[12] 竹内洋 (1995)「教育社会学における歴史研究：ブームと危うさ（〈特集〉教育の歴史社会学)」『教育社会学研究』57、pp.5-22

[13] 友岡邦之 (2009)「地域戦略に動員される文化的資源：文化的グローバリゼーションの陰画としての自治体文化政策」『社会学評論』60(3)、pp.379-395

[14] 倉林義正 (1998)「文化経済学会（日本）の歩み：研究の現状と動向」『文化経済学』1(1)、pp.1-6

[15] 繭牟田洋美・安村誠司・阿彦忠之・深尾彰 (2002)「自立および準寝たきり高齢者の自立度の変化に影響する予測因子の解明：身体・心理・社会的要因から」『日本公衆衛生雑誌』49(6)、pp.483-496

[16] 折田明子 (2011)「非常時のソーシャルメデイア」『日本科学教育学会年会論文集』35、pp.7-8

[17] 内田誠・白山晋 (2006)「SNS のネットワーク構造の分析とモデル推定」『情報処理学会論文誌』47(9)、pp.2840-2849

[18] 山本真理子・松井豊・山成由紀子 (1982)「認知された自己の諸側面の構造」『教育心理学研究』30(1)、pp.64-68

[19] 味水佑毅 (2006)「観光統計の整備における『活用の視点』の重要性（〈特集〉観光立国と交通政策）」『国際交通安全学会誌』31(3)、pp.236-245

[20] 天野光三・中川大・加藤義彦・波床正敏 (1991)「都市間交通における所要時間の概念に関する基礎的研究」『土木計画学研究・論文集』9、pp.69-76

[21] 春木敏・川畑徹朗 (2005)「小学生の朝食摂取行動の関連要因」『日本公衆衛生雑誌』52(3)、pp.235-245

第 3 回

[22] 安部景奈・赤松利恵 (2011)「小学校における給食の食べ残しに関連する要因の検討」『栄養学雑誌』69(2)、pp.75-81

[23] 森田昌宏・速水治夫 (1996)「情報フィルタリングシステム：情報洪水への処方箋」『情報処理』37(8)、pp.751-758

[24] 高橋聡 (2012)「言語教育における、ことばと自己アイデンティティ」『言語文化教育研究』10(2)、pp.37-55

[25] 高橋弘司 (1993)「組織社会化研究をめぐる諸問題：研究レビュー」『経営行動科学』8(1)、pp.1-22

[26] 小笠原喜康 (2013)「『ある』から『なる』への教材論の論理：Davidson の『三角測量』論によって」『教材学研究』24、pp.15-24

[27] 増田知也 (2011)「市町村の適正規模と財政効率性に関する研究動向」『自治総研』通巻(396)、pp.23-44

[28] 重田勝介 (2014)「反転授業　ICT による教育改革の進展」『情報管理』56(10)、pp.677-684

[29] 大谷尚 (2008)「質的研究とは何か：教育テクノロジー研究のいっそうの拡張をめざして」『教育システム情報学会誌』25(3)、pp.340-354

[30] 大友章司・広瀬幸雄 (2007)「自然災害のリスク関連行動における状況依存型決定と目標志向型決定の 2 重プロセス」『社会心理学研究』23(2)、pp.140-151

[31] 荒木一視 (1999)「農業の再生と食料の地理学（〈特集〉日本経済の再生と地域経済構造）」『経済地理学年報』45(4)、pp.265-278

[32] 佐野ひろみ (2009)「目的別日本語教育再考」『専門日本語教育研究』11、pp.9-14

[33]　池上惇 (2001)「文化と固有価値の経済学」『文化経済学』2(4)、pp.1-14

第 4 回

[34]　佐々木康成・笹倉千紗子 (2010)「学習サポートに SNS を用いたコンピュータリテラシ実習の実践とその評価（〈特集〉協調学習とネットワーク・コミュニティ）」『日本教育工学会論文誌』33(3)、pp.229-237

[35]　松下佳代 (2017)「科学教育におけるディープ・アクティブラーニング：概念変化の実践と研究に焦点をあてて」『科学教育研究』41(2)、pp.77-84

[36]　谷冬彦 (2001)「青年期における同一性の感覚の構造：多次元自我同一性尺度 (MEIS) の作成」『教育心理学研究』49(3)、pp.265-273

[37]　坂田陽子・口ノ町康夫 (2014)「対象物の形，模様，色特徴抽出能力の生涯発達的変化」『発達心理学研究』25(2)、pp.133-141

[38]　宇多高明・石川仁憲・三波俊郎・石野巧・鈴木悟・岡本光永 (2016)「富士海岸にある暗渠・セットバック型放水路周辺の海浜形状の比較」『土木学会論文集 B3（海洋開発）』72(2)、pp.I_127-I_132

[39]　早田吉伸・前野隆司・保井俊之 (2015)「オープンデータ推進に向けた国内先進地域の特徴分析」『地域活性研究』6、pp.61-70

[40]　三浦綾希子 (2012)「フィリピン系エスニック教会の教育的役割：世代によるニーズの差異に注目して」『教育社会学研究』90、pp.191-212

[41]　阿部圭一 (2014)「ぺた語義：インターネットの副作用と情報教育：思考様式と人間関係への影響にどう対処するか」『情報処理』55(5)、pp.496-499

[42]　森山達矢 (2013)「合気道の稽古者はいかに倫理性を身につけるのか：意味生成体験という観点から」『体育学研究』58(1) pp.225-241

[43]　関野由香・柏絵理子・中村丁次 (2010)「食事時刻の変化が若年女子の食事誘発性熱産生に及ぼす影響」『日本栄養・食糧学会誌』63(3)、pp.101-106

[44]　倉本直樹 (2014)「《第 4 回》物質量 (mol) についての基礎解説と最新動向（〈リレー解説〉国際単位系（SI）の体系紹介と最新動向）」『計測と制御』53(4)、pp.368-373

[45]　本林隆・源河正明・Thai Khanh Phong・渡邊裕純 (2012)「イミダクロプリドの製剤および施用方法の違いが水田に生息する水生昆虫に及ぼす影響」『日本応用動物昆虫学会誌』56(4)、pp.169-172

[46]　長内厚・榊原清則 (2011)「4. ロバストな技術経営とコモディティ化（〈小特集〉メディアが拓く技術経営と起業への挑戦）」『映像情報メディア学会誌』65(8)、pp.1144-1148

[47]　武内和彦 (2016)「日本における世界農業遺産 (GIAHS) の意義」『農村計画学会誌』35(3)、pp.353-356

[48]　大友量・酒井治・塚本康貴・杉戸智子・谷藤健・岡紀邦 (2015)「北海道のダイズ作における輪作順序を考慮したリン酸減肥法」『日本土壌肥料学雑誌』86(6)、pp.549-552

[49]　原圭司・高橋健一・上田祐彰 (2010)「ベイジアンネットワークを用いた授業アンケー

トからの学生行動モデルの構築と考察」『情報処理学会論文誌』51(4)、pp.1215-1226

[50]　尾形真実哉 (2012)「リアリティ・ショックが若年就業者の組織適応に与える影響の実証研究：若年ホワイトカラーと若年看護師の比較分析」『組織科学』45(3)、pp.49-66

[51]　伊藤裕子・相良順子 (2012)「愛情尺度の作成と信頼性・妥当性の検討：中高年期夫婦を対象に」『心理学研究』83(3)、pp.211-216, doi: 10.4992/jjpsy.83.211

[52]　渡邉雅子 (2014)「国際バカロレアにみるグローバル時代の教育内容と社会化」『教育学研究』81(2)、pp.176-186

[53]　柴田雅雄・横山威信・坂部創一・山崎秀夫・守田孝恵・張建国 (2010)「良書の読書と情報系大学生との関係性の研究」『日本社会情報学会学会誌』22(1)、pp.31-41

第 7 回

[54]　辻義人・杉山成 (2017)「同一科目を対象としたアクティブラーニング授業の効果検証」『日本教育工学会論文誌』40(Suppl.)、pp.45-48

[55]　奥井伸宜・小林雅行 (2015)「回生エネルギ取得量の増大がハイブリッドトラックの 燃費性能および排出ガス特性に与える影響」『自動車技術会論文集』46(3)、pp.627-632

[56]　下川唯・片山はるみ (2015)「中堅看護師の役割に対する『やりがい感』と『負担感』の同時認知と精神的健康や仕事意欲との関連」『日本看護科学会誌』35、pp.247-256

[57]　上條菜美子・湯川進太郎 (2016)「ストレスフルな体験の意味づけにおける侵入的熟考と意図的熟考の役割」『心理学研究』86(6)、pp.513-523, doi: 10.4992/jjpsy.86.14037

[58]　三井一希 (2017)「小学校国語科の「書く活動」へのプログラミング導入による学習効果」『教育システム情報学会誌』34(1)、pp.60-65

[59]　亀山晶子・及川恵・坂本真士 (2016)「女子大学生における抑うつ予防のための改訂版心理教育プログラムの検討」『心理学研究』86(6)、pp.577-583, doi: 10.4992/jjpsy.86.14323

[60]　朝倉聡 (2012)「社交不安障害の現在とこれから（〈特集〉不安障害の現在とこれから：DSM-5 に向けての展望と課題)」『精神神経学雑誌』114(9)、pp.1056-1062

[61]　板生清・駒澤真人 (2015)「ウェアラブルデバイスの応用と近未来の展開（〈特集〉ウェアラブルデバイス技術)」『エレクトロニクス実装学会誌』18(6)、pp.384-389

[62]　緒方伸昭・源城かほり・松本博・中野卓立 (2017)「室内植物によるオフィスワーカーのメンタルヘルスケアに関する実証研究（第 3 報）室内植物によるオフィスワーカーの心理反応に関する分析」『平成 29 年度大会（高知）学術講演論文集』8、性能検証・実態調査編、空気調和・衛生工学会大会、pp.45-48

[63]　大谷和大・岡田涼・中谷素之・伊藤崇達 (2016)「学級における社会的目標構造と学習動機づけの関連：友人との相互学習を媒介したモデルの検討」『教育心理学研究』64(4)、pp.477-491

[64]　池田真利子 (2017)「世界におけるナイトライフ研究の動向と日本における研究の発展可能性」『地理空間』10(2)、pp.67-84

[65]　申沙羅・山田和子・森岡郁晴 (2015)「生後 2 〜 3 か月児がいる母親の育児困難感とその

関連要因」『日本看護研究学会雑誌』38(5)、pp.33-40

[66] 三井一希 (2017)「小学校国語科の『書く活動』へのプログラミング導入による学習効果」『教育システム情報学会誌』34(1)、pp.60-65

第 8 回

[67] 高畑幸 (2015)「人口減少時代の日本における『移民受け入れ』とは：政策の変遷と定住外国人の居住分布」『国際関係・比較文化研究』14(1)、pp.141-157

[68] 齋藤長行・新垣円 (2011)「青少年のインターネット利用における規範意識を育てるための協働学習についての研究」『情報文化学会誌』18(2)、pp.60-67

[69] 吉田礼維子・長谷部幸子・白井英子 (2012)「農村部における在宅高齢女性の食生活および生活の満足に影響する食行動の要因」『日本公衆衛生雑誌』59(3)、pp.151-160

第 9 回

[70] 松本明日香・小川一美 (2018)「専攻学問に対する価値と批判的思考力の関連：質問力、質問態度、クリティカルシンキング志向性に着目して」『教育心理学研究』66(1)、pp.28-41

[71] 山本晃輔 (2015)「重要な自伝的記憶の想起がアイデンティティの達成度に及ぼす影響」『発達心理学研究』26(1)、pp.70-77

[72] 加納圭・一方井祐子・水町衣里 (2017)「高校生を対象とした研究体験で獲得される科学的知識とその限界：PISA の評価枠組みを活用した分析」『科学教育研究』41(2)、pp.107-115

[73] 松井辰哉・萩原将文 (2015)「発話極性を考慮したユーモアを有する非タスク指向型対話システム」『日本感性工学会論文誌』14(1)、pp.9-16

[74] 細田絢・田嶌誠一 (2009)「中学生におけるソーシャルサポートと自他への肯定感に関する研究」『教育心理学研究』57(3)、pp.309-323

第 10 回

[75] 高野慶輔・丹野義彦 (2009)「抑うつと私的自己意識の 2 側面に関する縦断的研究」『パーソナリティ研究』17(3)、pp.261-269

[76] 山本真理 (2016)「相互行為における聞き手反応としての『うん／はい』の使い分け：『丁寧さ』とは異なる観点から」『国立国語研究所論集』10、pp.297-313

[77] 時任隼平 (2017)「アクティブラーニング型授業において受講生がスチューデント・アシスタントに求める能力に関する研究」『日本教育工学会論文誌』40(Suppl.)、pp.169-172

第 11 回

[78] 西川美砂 (2003)「2001 年参院選における政党システムへの選挙制度の影響（〈特集 I〉選挙制度と投票行動）」『選挙研究』18、pp.12-25

[79] 小山田恭子 (2009)「我が国の中堅看護師の特性と能力開発手法に関する文献検討」『日本看護管理学会誌』13(2)、pp.73-80

[80] 平山るみ・楠見孝 (2004)「批判的思考態度が結論導出プロセスに及ぼす影響：証拠評価と結論生成課題を用いての検討」『教育心理学研究』52(2)、pp.186-198

[81] 有光興記 (2001)「『あがり』のしろうと理論：『あがり』喚起状況と原因帰属の関係」『社会心理学研究』17(1)、pp.1-11

[82] 岡浩一朗 (2003)「中年者における運動行動の変容段階と運動セルフ・エフィカシーの関係」『日本公衆衛生雑誌』50(3)、pp.208-215

[83] 杉澤秀博・岸野洋久・杉原陽子・柴田博 (2000)「全国高齢者に対する 12 年間の縦断調査の脱落者・継続回答者の特性」『日本公衆衛生雑誌』47(4)、pp.337-349

[84] 池田玲子 (1999)「ピア・レスポンスが可能にすること：中級学習者の場合」『世界の日本語教育』9、pp.29-43

[85] 大久保誠介・秋皙淵 (1993)「気乾状態と湿潤状態とでの三城目安山岩のクリープ」『資源と素材』109(11)、pp.917-922

[86] 二木鋭雄 (2007)「良いストレスと悪いストレス」『日本薬理学雑誌』129(2)、pp.76-79

[87] 山田善之・田畑貞寿 (1984)「世代間の自然要素に対する意識と遊びについて」『造園雑誌』48(5)、pp.276-281

[88] 田渕隆俊 (1988)「製造業における集積の経済性と地域間分業体制：工業統計表の都道府県別時系列データによる分析」『地域学研究』19、pp.275-289

第 12 回

[89] 鳥居謙一・加藤史訓・宇多高明 (2000)「生態系保全の観点から見た海岸事業の現状と今後の展開」『応用生態工学』3(1)、pp.29-36

[90] 小塩真司 (1998)「青年の自己愛傾向と自尊感情、友人関係のあり方との関連」『教育心理学研究』46(3)、pp.280-290

[91] 堀野緑・森和代 (1991)「抑うつとソーシャルサポートとの関連に介在する達成動機の要因」『教育心理学研究』39(3)、pp.308-315

[92] 竹内勇剛・片桐恭弘 (2000)「ユーザの社会性に基づくエージェントに対する同調反応の誘発」『情報処理学会論文誌』41(5)、pp.1257-1266

[93] 当麻喜弘 (1985)「システムの安全性・高信頼性の考え方と評価（〈特集〉システムにおける安全性と高信頼性）」『計測と制御』24(4)、pp.290-295

[94] 伊賀聡一郎・伊藤英一・安村通晃 (2000)「Kirifuki：呼気・吸気を利用した GUI 操作環境の提案」『情報処理学会研究報告ヒューマンコンピュータインタラクション（HCI）』2000(12)(1999-HI-087)、pp.49-54

[95] 金子賢一 (1999)「生食用野菜及び果物が媒介食品となる感染症」『食品衛生学雑誌』40(6)、pp.417-425

[96] 中村昌弘 (2015)「設計と製造をシームレスにつなぐICT システムの現状と今後の方向性」『精密工学会誌』81(3)、pp.220-224

[97] 小川義和 (2017)「今後の科学教育について：サイエンスコミュニケーションの教育的意義を考える」『科学教育研究』41(1)、pp.9-10

[98] 小島尚人・大林成行 (1992)「土地分級評価モデルへの衛星マルチスペクトルデータ適

用の有効性について」『土木学会論文集』1992(453)、pp.87-96

[99]　久保拓也・岡崎正和 (2013)「小中接続期における関数概念の発達の様相に関する研究」
『数学教育学研究：全国数学教育学会誌』19(2)、pp.175-183

[100]　八坂和吏・大方優子・吉田健一郎・藤田有佑 (2016)「サイクルツーリズムに関する一考
察：大学生を対象として」『経営情報学会　全国研究発表大会要旨集』2016f(0)、pp.33-36

参考文献

● アカデミック・ジャパニーズ研究会 (2015)『改訂版 大学・大学院留学生の日本語④論文作
成編』アルク.

● 安部朋世・福嶋健伸・橋本修 (2010)『大学生のための日本語表現トレーニング ドリル編』三
省堂.

● 宇野聖子・藤浦五月 (2016)『大学生のための表現力トレーニング あしか: アイデアをもっ
て社会について考える（レポート・論文編）』ココ出版.

● 桑田てるみ編 (2015)『学生のレポート・論文作成トレーニング 改訂版：スキルを学ぶ 21 の
ワーク』実教出版.

● 古宮才由里 (2019)「接続語」ベーシック国語第 25 回、NHK 高校講座テレビ学習メモ、
https://www.nhk.or.jp/kokokoza/library/tv/basickokugo/archive/basic_kokugo_25.pdf、
閲覧日 2020 年 9 月 13 日

● 近藤裕子・由井恭子・春日美穂 (2019)『失敗から学ぶ大学生のレポート作成法』ひつじ房.

● 杉本祐子 (2017)『生涯使える大人の文章力』主婦の友社.

● 長尾佳代子・村上昌孝編 (2015)『大学 1 年生のための日本語技法』ナカニシヤ出版.

● 西山邦隆・山田和歌子 (2013)「『賞味期限切れ』の食品は、いつまで食べられるか」『東北女
子大学・東北女子短期大学紀要』52、pp.29-38

● 二通信子、大島弥生、佐藤勢紀子、因京子、山本富美子 (2009)『留学生と日本人学生のため
のレポート・論文表現ハンドブック』東京大学出版会.

● 農林水産省「こどもの食育」https://www.maff.go.jp/j/syokuiku/kodomo_navi/featured/
abc2.html、閲覧日 2020 年 9 月 8 日

● 農林水産省食料産業局「食品ロス及びリサイクルをめぐる情勢」https://www.maff.go.jp/j/
shokusan/recycle/syoku_loss/161227_4.html、閲覧日 2020 年 9 月 8 日

著　者

金　銀珠（きむ　うんじゅ）

北海道大学大学院国際広報メディア・観光学院博士後期課程修了。博士（学術）。北海道大学大学院メディア・コミュニケーション研究院助教を経て、2017 年より北海道情報大学情報メディア学部准教授。

田中　里実（たなか　さとみ）

北海道大学大学院国際広報メディア・観光学院博士課程単位取得満期退学。修士（国際広報メディア学）。2011年より北海道情報大学医療情報学部講師。

大学生のための
日本語アカデミック・ライティング基礎講座
── レポート・論文のアウトラインから執筆まで ──

2022 年 2 月 10 日	第 1 版　第 1 刷　発行
2023 年 3 月 30 日	第 1 版　第 2 刷　発行

著　者　　金　銀珠
　　　　　田　中　里　実
発行者　　発　田　和　子
発行所　　株式会社　学術図書出版社

〒113-0033　　東京都文京区本郷 5 丁目 4 の 6
TEL 03-3811-0889　　振替　00110-4-28454
印刷　三美印刷（株）